晩年のナイチンゲール

# ナイチンゲール

●人と思想

小玉香津子 著

155

CenturyBooks 清水書院

# はじめに

フロレンス＝ナイチンゲールは、看護婦の代名詞である。〝フロレンス〟を省略してナイチンゲールだけでも、あの偉大な看護婦、と人々は思う。看護の母などとも呼ばれるが、医学の父ヒポクラテスに並べて、ということだろう。

そのように敬愛をこめて看護婦ナイチンゲールを仰ぎ、彼女を理想の看護婦とみるのは、看護婦よりもむしろ一般の人々である。たしか英国の小説にこんな場面があった。

看護学校の寮の門口。夜も更けて、青年が恋人の看護学生と別れを惜しんでいる。やがて、彼は踵《きびす》を返す。「おやすみ、フロレンス」、と。

彼女は玄関にすべり込もうとしてふと立ち止まり、つぶやく。「いやだわ、わたしはメアリなのに」

実は、現在の看護学校ではナイチンゲールの名をあまり使わない。ナイチンゲール看護理論、などといって看護についての彼女の考えを看護学の出発点に位置づけてはいるが、ナイチンゲールという人物を積極的に看護のシンボルにはしていない。彼女を模範とみなすようなことはないのである。したがって、そのフルネームを知らない看護学生もいる。彼らにとって、フロレンスは女子の名前の一つである。このメアリがそうだった。しかし青年は、看護婦のシンボルとしてフロレンス＝ナイチンゲールを知っていた。

看護の世界がナイチンゲールをさほど言い立てないのは、一つにはやはり時代が変わったからである。ナイチンゲール後の一〇〇年あるいは一五〇年ほどの間に、彼女が発見した看護、彼女が創始した看護教育は発展的変容を遂げた。看護は社会的な活動であるから、これは当然であろう。ナイチンゲールはああ言った、ナイチンゲールはこうしただけでは、看護も看護教育もやっていけない。

しかしもう一つには、ナイチンゲールの人とその仕事についての研究が進んだ結果、彼女は看護婦と呼ぶには大き過ぎる存在であることがわかったからである。看護はナイチンゲールのまぶしくも特異な生きかたの現象であることを思い知らされ、看護の世界は彼女を看護婦のシンボルと言い立てなくなった。メアリが〝フロレンス〟をいぶかったように、ナイチンゲールの本家本元の英国においてさえそうなったのである。

ところが一般社会では、今なおナイチンゲールといえば看護である。彼女の名を一夜にして高めた、〝クリミアで傷病兵を看取る天使ナイチンゲール〟のイメージがもっぱら通用している。

看護婦の一人である筆者は、フロレンス＝ナイチンゲールについて、人々はもっと本当のところを知ってもよいのではないかと思う。ささやかながら彼女を研究してきた者として、フロレンス＝ナイチンゲールが何を考えどのように生きたかは、広く人々が知るに値することだと思う。それは〝なぜ〟なのかを本書で語らせていただきたい。

看護の世界のほうも、ナイチンゲールといえば看護、看護婦といえばナイチンゲール、という世の習わしが意味することをもっと真剣に考えるべきである。その〝なぜ〟は前述の〝なぜ〟と表裏一体のはずである。

＊

フロレンス＝ナイチンゲールの生涯は、彼女の生前からすでに語られていた。いきなりだが、彼女は九〇年を生きたのである。クリミア戦争で名をあげたあと半世紀以上を生き、ほとんど最後まで、モンテーニュのいう〝キャベツを植え続け〟た人であれば、存命中に伝記が書かれたのももっともなことだろう。

大英博物館図書館所蔵の彼女の〝書いたもの〟を直接調べて著した大作の伝記が三つある。

そのうち邦訳されている二つ、セシル＝ウーダム＝スミスの『フロレンス・ナイチンゲールの生涯』（武山満智子、小南吉彦訳　現代社）と、エドワード＝クックの『ナイティンゲール〔その生涯と思想』（中村妙子、友枝久美子訳　時空出版）が、彼女を知ろうと思い立てば誰でもすぐ読めるというのに、そして、これらに先ほどの〝なぜ〟を問えば答えも得られようというのに、筆者は彼女の小伝を語ろうとしている。なべて書物は小さいほうが読まれやすいとはいうものの、それだけではなく、看護に関係があるなしにかかわらず現代の読者が、とくに若い読者が、フロレンス＝ナイチンゲールを知る意義を感じ取ってくださることを期して、彼女の欲求と行動を中心に、語ることができればと思うからである。

平成十一年五月

小玉香津子

# 目次

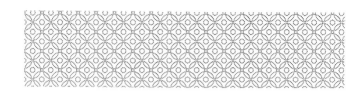

# I　兆し

まずはじめに詩と想像力が生命の扉を開きます。ピンクのさんざしが咲いて満開になっているのを見ると子供は砂利道にひざまずきます。その時子供は無心に神を讃えているのです。

（フロレンス＝ナイチンゲール『カサンドラ』）

# 一　出生、家族

## 英国の隆盛期にフィレンツェで

歴史に残る生きかたをした人の場合、いつ生まれたか、父と母はどのような人たちかなどが重要な意味をもっている。その時代だったから、そのような家に生まれたから世に出た、という一面のあることが思われるのである。

一八二〇年五月十二日、英国人のフロレンス＝ナイチンゲールはイタリアのフィレンツェで生まれた。以後九十年を生きるのだが、これは十九世紀をほぼまるまる生きたことを意味する。十九世紀のキーワードの一つは変化である。進歩あるいは改革とよばれる変化があらゆる方面にみられはじめたのが十九世紀だった。それは十八世紀以来の、科学と唯物論の隆盛の証明でもあったが、一方で、宗教改革のあと消極的になっていたキリスト教思想実践の復権という動向にも関連していた。

十九世紀も、英国人のそれとなると格別の勢いに満ちていた。在位六十年以上に及んだヴィクト

フロレンスの父、ウィリアム＝エドワード＝ナイチンゲール

ナイチンゲール夫人と２人の娘　1822年

リア女王の時代を中心に、他国に先がけて産業革命を遂げて以来の活力と希望と自信が国全体にみなぎっていた。

## 上流の家系

フロレンスの両親が、新婚旅行で三年をも大陸で過ごし、そのほとんどをイタリアに滞在した背景には、母国のこのような状況があった。貴族の子弟が教育の仕上げに行うグランドツアーの気配もそこにはある。フロレンスの両親は貴族ではなかったが、まぎれもなく上流階級だった。

フロレンスが生まれた時、父親のウィリアム＝エドワード＝ナイチンゲールは二十七歳、大叔父の遺産を受けた資産家で、ケンブリッジ大学に学んだ紳士だった。この頭がよくユーモアに富み、並々ならぬ深さの教養の人は、容姿にもすぐれていた。彼は歳上の才媛フランセス（ファニイ）＝スミスに魅せられた。名と富をもつ家柄の娘ファニイは、何はともあれ際立って美しかった。この華やかに生きるほかないような性格の行動の人が、弟の友人であるもの静かな思索の人ウィリアムの心持ちに応じた。裕福とはいいかねる別の青年との恋をあきらめて、豊かな暮らしの保証を選びとったふしもある。

## 父と母のくいちがい

ウィリアムとファニイのパーソナリティの著しい相違は、二人がつくったナイチンゲール家のその後の物語、はっきり言えば彼らの娘フロレンス＝ナイチンゲールの生涯を複雑にしかつ鍛えるのだが、それはおいおい我々が見つめる事実である。とにかく二人は結婚し、すぐに大陸旅行に出かけた。旅の二年目にナポリで長女をもうけ、翌年フィレンツェで次女が誕生した。彼らはナポリで生まれた娘にはそのギリシア名パスィノープを、フィレンツェで生まれた娘にはその英語名フロレンスをそれぞれ与えた。進取の気性を装った母親ファニイの思いつきだった。

フロレンスを産んだファニイは、自分の内なる欲求に従って素早く一家のそれからのありかたを計画し、帰国を決めた。名実ともに兼ね備え、新風を帯びた若い一家として母国の社交界に乗り出そうというのだった。彼女には自信があった。夫のウィリアムにはいずれは自分の父のように政治に出ていってもらうのもよい、などとも思ったらしい。ウィリアムは妻に押し切られるかたちで帰国することにした。彼は社交界や地位には関心がなく、自らの存在に光を当てる意向がまったくなかったから、そのままイタリアの文化のなかで、時を超えて穏かに教養の日々を暮らしてもよかったのである。

## 一歳で帰国……

一家は帰国した。この時点ではイタリアはフロレンスの単なる生地であって、その幼い日々はイギリスで始まる。後年彼女が名をあげると、その名がすぐさまフィレンツェにつなげられ、ローマ門近くの高台にある文字どおりの生家コロンバイア荘は世に伝えられることになる。しかしそれも、彼女が多感な娘時代にふたたびイタリアに旅し、イタリアが偉大な彼女に少なからざる刺激を与えた、という事実とあいまってのことである。筆者が一九八九年の夏に探しあてた時、この建物は女子修道院となっていたが、彼女が生まれた家として、関係者は〝ナイチンゲール詣で〟の人々を迎えていた。

## ハロウエイ村

ウィリアムに遺産を相続させた大叔父の地所はダービシャー州のハロウエイ村にあった。州都ダービーから北へ山岳電車のような支線を二十分ほど、最寄り駅はホワットスタンドウェル。ダーウェント渓谷の小さな村である。硬質の岩山には鉛の鉱脈があり、それはナイチンゲール家の資産の一部だった。

ウィリアムとファニイは、二人の娘とともにこのハロウエイ村に帰ってきた。とはいっても、大

リー・ハースト荘

叔父の暮らした屋敷はファニイの描く一家のこれからにおよそそぐわない古家だったので、ウィリアムは急きょすぐ近くのリーの丘に新居を建てた。リー・ハースト荘がそれである。

## リー・ハースト荘

ウィリアム自らが設計したその館は、ゴシック風の重厚な外観でありながらどことなく可愛らしい、寝室が十五もある邸宅だった。現在は、馬小屋を改造したくらいで他はそのまま、三十人ほどが暮らす老人ホームとして使われている。広大な敷地のほとんどは草原が占め、その裾をダーウェント川が洗う。家の裏側はテラスに続きイギリスらしい庭園、菜園、果樹園、と順次なだらかに低くなって草原に溶け込む。正面は村の道まで、まばらな木立ちをぬって長いアプローチがのびる。

リー・ハースト荘は現在もそうだが、往時はそれ以上に魅力あふれる屋敷だったに違いない。しかし、ファニイは満足しなかった。第一に冬が寒すぎた。ロンドンより〝嵐が丘〟のほうがはるかに近い、もう高地に入ったところである。子供たちの健康によくない、と彼女は言ってい

エンブリイ荘，現在のエンブリイ - パーク - スクール

た。当の子供の一人がずっとのちに、子供にとっては新鮮な空気のなかの田舎家での暮らしのほうが、都会にいるよりもはるかに健康によい、と論陣を張ることになるとは知る由もなかった。

それよりも何よりも、ロンドンから遠すぎることが、ファニイには気に入らなかった。これでは客も訪ねてこないだろうし、ホールが小ぶりなリー＝ハースト荘では、賑やかな集まりがもてそうもない、とこぼした。

## エンブリイ荘

結局ファニイの言い分がとおり、ウィリアムは一八二五年、ハンプシャー州ロムジイの在イーストウェロウに、エンブリイ荘を購入するはめになった。ウィリアムはダービシャーの地所と、都会を遠く離れいわば孤立するリー＝ハースト荘とに愛着があった。

イングランド南部の主要な海港の一つサウサンプトンから内陸へ一駅のロムジイの町は、ウィリアム征服王の御料林だったニューフォレストに隣接し、サクソン人の名残りもある。十一世紀からの寺院をはじめ各派の教会が数多くあり、代々名士が住む館も点在する由緒ある町である。大聖堂で有名なソールズベリーの町に近く、ロンドンまでも馬車で数時間で行けたのではないだろうか。後には鉄道も開通した。

エンブリイ荘は、リー・ハースト荘にくらべて敷地も建物も大きかった。現在は、クリケットの球場が広がる寄宿学校である。大木の多い森を背に、堂々とした正面がゆるやかな起伏の芝生を見張らす。門番小屋までの長いアプローチの両側を、かつてはしゃくなげの濃い茂みが埋めていたという。

ファニイはここが気に入った。フロレンスが五歳の時から、ナイチンゲール一家は夏だけリー・ハースト荘で過ごし、寒い季節はエンブリイ荘で暮らすようになった。ファニイの姉と妹の嫁ぎ先が近く、やはり名家だった彼らとの交際が頻繁になるとともに、ロンドンとの行き来は日常的で、エンブリイ荘の社交生活は盛況だった。

ファニイに屈託があったとしたら、娘二人のあとに男の子が生まれないことくらいであったろう。というのも、ウィリアムが大叔父から受け継いだ財産は、彼に男子が生まれなければ彼の妹がそれを継ぎ、その息子に受け継がれることになっていたのである。実際そのように事が運び、ウィリアムの妹で財産を継ぐメアリー（メイ）がファニイの弟と結婚することによってさらに事態がこみ入ってファニイの晩年に影を落とすのだが、この時点で本気に悩むことではなかった。

しかし、ファニイには夫に対するもやもやとしたいらだちのようなものがあった。ウィリアムが名士として陽の当たる道を登って行くことを彼女が望んでも、彼はそうしなかった。その地方の国会議員候補に推されて選挙に出馬したこともあったが、落選後はむしろ日陰を好むかのようにもっぱら書斎で過ごすウィリアムに、ファニイは夢破れる思いを抱いたに違いない。

## 姉妹

姉のパスィノープはパース、妹のフロレンスはフローと愛称で呼ばれ、姉妹は両親や親族の愛情を一身に受けて少女時代を過ごした。リーハースト荘でもエンブリイ荘でも、彼女たちは自然に親しむ田園の暮らしを楽しむことができた。フロレンスは花や虫や小動物に夢中だった。

エンブリイ荘には来客が多かった。なかでも親戚の子供たちの滞在は、ナイチンゲール家の二人の娘の日々を輝かせ、二人の娘のほうも親戚をよく訪ねた。何家族かが一緒にワイト島へ泊りがけで遊びに行ったり、どこかの家でパーティを開いたりした。フロレンスはそうした時、幼いながら機知に富んだリーダーぶりをみせたという。

しかしこの頃から、我々はフロレンスの資質に注目せざるをえなくなる。幼い姉妹はそろって美しく、誰が見ても不足のない恵まれた環境で育っていたが、フロレンスは姉との違いを見せるようになっていた。姉とだけではなく、他の子供たちとも著しく違うのだった。

## 二　少女フロレンス

知性の働きがつぎに出てきます。知性は子供に欲求を創り出し、子供はそれを満たそうと望みます。しかし、私たちが到達した文明の状態では、知性の諸欲求を満たすことは倫理的にでなく物理的に不可能なことなのです。刺激、訓練、時間、これら三つとも私たちには欠けています。

（フロレンス＝ナイチンゲール『カサンドラ』）

### 栴檀《せんだん》の双葉

フロレンスは六、七歳にしてことあるごとに手紙を書くようになった。小旅行先から祖母に、両親や姉と別行動の時は彼らに、あるいはいとこや教父や叔母に宛てて。彼女は子供の頃からメモの類もよく書いた。そして終生〝書き魔〟だった。

彼女の手紙やメモは、彼女自身が何でも整理して保存する性格だったことと、彼女が九十歳まで長生きしたので生前に伝記が編まれ、そのための資料収集がなされたという事情から、違例に多く現存する。それらはほかでもなく、彼女が双葉より芳しかったことを証明している。何事についても観察が確かなのである。いとこたちとのままごと遊びで、何の木の実をどんな果物に見立てたかを祖母に〝解説〟し、テムズ河畔の叔父の家から、「ダイアナ号、フライ号、エンデヴァー号という名の三隻の汽船が毎日川を通ります」と姉に〝報告〟するのだった。

十九世紀前半にはまだ、ある程度以上の暮らしをしている家の子供は自宅で教育を受けた。家庭教師を雇い、男女ともにフランス語とダンス、加えて男の子には歴史とフェンシング、女の子には刺しゅうといったところが一般的だったらしい。家庭教師は週に何回というように、通いで来てもらうことができた。もちろん裕福なナイチンゲール家は、住み込みの女性家庭教師を何人も雇った。ところが家庭教師たちは、音楽と絵画について以外はウィリアムとファニイの要求を満たすことができず、結果的に、〝フロレンス＝ナイチンゲールの家庭教師〟と呼ばれる名誉は誰も手にしていない。

## 教師は父ウィリアム

思索の人ウィリアムは、娘たちの知性を育て、娘たちと自分の世界を分かち合いたいと思った。実際の人ファニイは、ヴィクトリア朝の家庭の〝ヒロイン〟になるべく娘たちをしつけたかった。ナイチンゲール家ならばヒロインの未来は当然輝かしく、その輝きはファニイの小さな――実際どんなに華やかであろうとも、しょせんはごく限られた現実の小さな――世界、に反映されるはずであった。

ウィリアムは自分で娘たちを教育すると決めた。娘たちをだったが、実は、フロレンスをである。

彼の情熱的ともいうべき教育に応えたのはフロレンスだけだった。彼が自分のカリキュラムで教え始めた時、フロレンスは十二歳だった。そこに盛られた〝教科目〟は女の子向けなどではなく、ウィリアムの棲む大きくて自由な知の世界のすべてだった。伝えられているあれこれを総合すると、フロレンスがウィリアムから学んで身につけたのは、ギリシア語、ラテン語、ドイツ語、フランス語、イタリア語、歴史、哲学、数学などである。ギリシア語ではホメロスやプラトンを、イタリア語では十六世紀の詩人タッソーを読んでいた。いくつもの言語に通じることは、いくつもの文化に通じることである。フロレンスは人間が理想を求めてつくりだし、世代から世代へと学び継がれてきた哲学、芸術、科学を思う存分自分のものとすることができる力をもつに至った。

実際、ギリシア悲劇を読みふけって自分を重ねたり、たまたま手にしたドイツ語の文書に啓発されたりする日々がやがて彼女に訪れる。少女の日々の勉強は彼女の生涯の仕事の布石だった。

フロレンスはまた数学を愛した。彼女には生まれつき論理と秩序感覚があった。この少女が後年、小説よりも統計のほうをおもしろがるのである。

フロレンスは父とともに貪欲に勉強した。ただ与えられるだけでなく進んで求めた。しかしパースは違った。彼女は父の授業が苦痛だった。逃げたこともあった。そのため父は、もっぱらフロレンスに教えたのである。この父と娘は同類だった。

刺しゅうをする19歳のフロレンスと
姉パスィノープ

## 母ファニイの〝教育〟

ところが、母ファニイの〝教育〟はフロレンスを苦しめた。花の活けかた、もてなしの流儀、刺しゅうなどいずれも気が向かなかった。クックやウーダム＝スミスが伝記を書くために集めた手紙やメモなどの一次資料から浮かび上がってくるのは、母ファニイの関心事と日常の暮らしかたに生理的になじむことができないフロレンスの苦痛と、そうした娘に対する母の違和感である。ファニイはフロレンスを扱いにくい子供だとこぼした。パースはそうではなかった。ファニイとパースは同じ性向だった。

父とフロレンス、母とパースという二つの組み合わせが対立していたかというと、この頃はまだそうでもなかった。フロレンスは素直に母の意に沿うように努力した。しかし、母はどこかでフロレンスに気づまりを感じていた。それは単にファニイが大事とみるものをフロレンスが大事にしなかったからだけではなく、ファニイには何とも不可解な、自分一人の思いに浸る一面がフロレンスにあったからである。

「わたしは現にもっている思想と感情とを六歳にさかのぼって思い起こすことができる。職業を、仕事を、なくてはならぬつとめを、わたしの全能力を発揮させて使ってくれるなにものかを、わたしはいつも、自己に本質的にそなわっているものと感じ、いつも憧れていた。」

三十一歳の時の日記にこうあるように、少女フロレンスの心の奥には、〝今のままの自分ではよくない〟という、はやる気持ちがあった。何不自由なく暮らしていることを罪深く思う気持ちがその一部であったろうが、根本的には早くも自分の生きる意味を問い始めていたのではなかったか。

### 〝御心〟を問う

エンブリイ荘から畠の道を一時間ほど行ったところに、ナイチンゲール家の席があった教区教会、イーストウェロウの聖マーガレット教会がある。十一世紀頃に建てられた燧石造りの小さなこの教会に一家は日曜日ごとに通った。少女フロレンスは教理問答を読み、ごく自然に〝神の御心〟にかなうことを願い、身近な死に接して〝ベター–ランド〟を想った。少女フロレンスはまた困っている人がいたらそこへ行って手助けすることを、自分が何かの役に立つことを願った。

ヴィクトリア時代の英国では、人々は子供も含めてなべて健全なキリスト教徒だった。キリスト教徒の社会的義務が広く意識されていた。持てる者であるフロレンス家は、乏しいところにその持つものを分けるべきだった。ウィリアムはリー村の小学校を援助し、ファニイはエンブリイでもリーハーストでも、近隣の貧しい家々へのいわゆる慈善訪問を慣わしとしていた。姉妹はしばしばこれに同行し、ときには叔母たちがそれぞれの地所でする訪問にもついて行った。

そこには、御心にかなう善き行いのイメージがあるのだが、自分が何かの役に立つことを願うフロレンスは、それだけでは満たされなかった。自分は善行もせず役にも立たない、としつこく自らを責める手記が残っている。御心が何であるか、それにかなうとは何をすることか、少女フロレンスの場合、この問いに対するひたむきなありようは、並々ならなかったといってよいだろう。

## 〝神の声〟

だからといってフロレンスが、少女時代の日々をいつも物思いに沈んで過ごしたというわけではない。しかし、彼女の少女時代をしめくくったのは〝神の声〟だった。フロレンスには神の声を聞きとる耳があったのである。

一八三七年二月七日、神は私に語りかけられ、神に仕えよと命じられた。

この〝声〟、この日付を、フロレンスは後年繰り返し語る。十六歳のその日が決定的な契機であったかのように繰り返しメモに記す。彼女が言うにはこの後も生涯で計四回、〝声〟を聞いた。日記や手記から浮かび上がってくるのはそれだけにとどまらない。彼女はほとんど日常的に、とくに少女時代に続く〝娘〟時代に神の声を聞いた。

## 大陸旅行の計画

フロレンスは〝声〟のことも、定かに言えないがそうあるべき生きかたをしていない自分を責める思いも、いっさい周囲の人には話さなかった。しかし、ファニイはフロレンスに違和感を抱いていたし、ナイチンゲール家に近しい人々の間には、フローはちょっと変わっている、という噂が流れていた。

そのような時期に持ち上がったのが、一家をあげての大陸旅行の計画だった。パースは十八歳、フロレンスは十七歳のこの年――フロレンスが二月に〝声〟を聞いた一八三七年、二人の娘の社交界入りを控えたナイチンゲール家は、客のもてなしやパーティには手狭と思われるエンブリイ荘の増改築をすることになり、その間に旅行をしようとファニイが提案したのである。

娘たちの教育の仕上げという見地からも、事実上の社交界デビューということからも、これは合理的な提案だった。ウィリアムは一も二もなく賛同、リー・ハースト荘を設計した時の楽しみをもう一度とばかり、大がかりな増改築の設計に取り組むと同時に、大陸旅行用の馬車の設計も手がけた。

ウィリアムにも、新婚の旅の間に心底魅せられた大陸の文化に、再度浸ることができるという楽しみがあった。

# 三　大陸旅行

神が彼女に語りかけてからすでに二年が過ぎていた。神は何故、再び語りかけられなかったのか？　その答えは明白である。つまり彼女がそれに値しなかったからである。

（ウーダム＝スミス『フロレンス・ナイチンゲールの生涯』）

**大陸旅行へ出発**

一八三七年九月の初め、ウィリアムが設計した六頭立ての箱馬車で、御者二人、召使い三人を供に、一家の旅が始まった。一八三九年四月までの、足かけ三年に渡る旅である。一八三七年は、六月にウィリアム四世が亡くなり、パースと同年の、ロングヘアを肩になびかせたプリンセス、ヴィクトリアが女王として登場するという、英国にとっては一大節目の年であった。ヴィクトリア時代の旗手の一人となるフロレンス＝ナイチンゲールもこの年、出発した。しかしその行く手はまだ彼女の人生の本流に乗らない、若いうちにいろいろと見聞しておくための教養旅行だった。

フロレンスの内的不全感、傍目《はため》には不可解な物思いと見えた振舞は、この旅行中の間は静まっていた。彼女は一日一日、一時一時を全身全霊で楽しんだ。この期間に見せたような爛漫な明るさは、彼女の人生に二度と訪れない。〃書き魔〃にしては手紙の数も少なかった。もっとも手帳にはこまごまと記録をつけていたが。

一八三七年の夏、一家の出発を前にリー＝ハースト荘には親族が集合して大騒ぎだった。誰もが大旅行に興奮していた。荷物に入れる本は何がよいかをめぐって助言が飛びかった。植物図鑑や事典の類、軽い読み物としてシェイクスピアやミルトンが鞄に詰められたのは確かである。パースはとくにはしゃいでいたが、フロレンスもまた未知の世界への期待に全身を任せていた。

## まずフランスを

エンブリイ荘を出発したのは九月八日だった。数年後に「パンチ」誌が〃最後の御者の歌〃（ウォルター＝スコット〃最後の吟遊詩人の歌〃のもじり）を載せて一九〇一年には馬車などなくなってしまうだろうと予想し、実際そのとおりになるのだが、この頃はまだまだ馬車は交通の花形で、意匠を凝らしたウィリアムの馬車はさぞ引き立ったことだろう。

サウサンプトンを経由してル＝アーブルに渡り、一家はまずはフランスの田舎を旅した。田舎といっても古い町々をたどるかたちで、セーヌ川をルーアンまで遡り、そこから馬車で北西フランスをロアール川沿いにトゥール、ナント、とまわり、ボルドーに至った。

この旅から六十余年後の一九〇一年、フランス最初のナイチンゲール＝システムの看護学校がこの地に設立されることになる。彼女が亡くなってまもなく、その学校はナイチンゲール家の許可を得て〝フロレンス＝ナイチンゲール学校〟と改称、優雅な校舎にその名を高く掲げて今日に続いている。

## フロレンスの旅行日誌

一家はスペインとの国境、ピレネーの山地で秋を堪能した。ヨーロッパの創始者シャルル大帝の最強の勇士ローランの角笛が、いまだにこだまするかのような一時だった。なぜこのようなことが言えるかというと、フロレンスの旅行日誌が残っているからである。

フロレンスの前半生を描いたオマリーの『フロレンス＝ナイチンゲール　一八二〇―一八五六』がそれをよく引いているのだが、それによると彼女は、フランス史の本を手に史跡、年ふる寺院、それに山野の自然をたんねんに訪ねた。シーズ峠でローランの角笛を風に聞いたからには、歴史に親しむ彼女は、ピレネーを越えるサンチャゴ－デ－コンポステラへの巡礼路、〝ヤコブの道〟に思いを馳せたことだろう。

次いで一行は東へ向かい、中世の城塞の町カルカッソンヌ、古代ローマが姿を見せる南仏のニーム、ローヌ川を臨むアヴィニョンと馬車を進めた。目前にとてつもなく青い地中海が開けたのは、海水浴場で知られるナルボンヌだった。さらに海沿いにトゥーロンなどに寄りつつコートダジュールを行き、一家はニースに一カ月ほど滞在して年を越した。フロレンスの旅行日誌巻の一はここで終わっている。

彼女は出発、到着の日時、場所、見たもの、出会った人々などを正確に記した。町々で見かけた物乞いの数、子供たちの様子、家々の外観なども書き留めてあるのには、後年のフロレンスを知るといかにも彼女らしいとうなずくばかりである。

一八三七年は、ナポレオンが流刑の地セントヘレナ島で没してからまだ十六年しかたっておらず、フランスにはかつてナポレオンに仕えた老兵がそこここにいた。ボルドーの近く、二つの川が合流するジロンド川岸のブレイエでは、歴戦の傷跡を六つも持つその一人が古城の案内をしつつ、戦いに明け暮れた日々の記憶を話してくれた。フロレンスは積極的に傾聴し、旅行日誌に書いた。「誰かれなく、戦ってきたらしいのに、誰に対しても恨みを抱いていないようだ。」

こうした、フロレンス＝ナイチンゲールであるからこそ何か意味あり気なエピソードが以後の旅程にもたびたび登場してくるものの、この旅行中のフロレンスは、ニースまででも、そのあとのイタリアやスイスでも、最後のパリ滞在でも思索の人ではなかった。いうならば遊びの人だった。思索の時があっても、すぐに過ぎ去るのだった。しかし、何かが彼女のうちに残り、その後の彼女を養った。

フロレンスの旅行日誌巻の二を見ていこう。彼女はその冒頭に〝イタリア〟と勢いよく書く。それにしても豪華な旅である。ニースで一家は、社交の予定でいっぱいのきらびやかなホテル暮らしをした。その年ニースには三十家族ほどの英国人が滞在していた。一家はそのサークルに溶け込んだ。フロレンスは舞踏会に熱中した。英国人家族の何組かとは、次の滞在地ジェノバでもいっしょだった。

一八三八年一月から一カ月ほどジェノバに滞在、フロレンスは舞踏会と社交訪問の毎日だった。これにオペラが加わった。とはいっても日誌には、イタリア統一運動の中心となるピエモンテ州の管轄下にあったジェノバについて、「住民三万、うち兵士八千、聖職者八千……彼らはあまりにも無知であり、人々の暮らしはあまりにも貧しい」などと書いている。

リビエラの海沿いにネルビ、カララ、ピサと楽しみつつ一行は馬車を進め、二月二十七日にフィレンツェに着いた。フロレンスは自分の生まれたこの町で最初の乳母を訪ねている。フロレンスたちがベッキオ橋のほとりにあるホテルの、舞踏会を開けるほどのホールつきの一角に落ち着いていたのに対し、彼女のかつての乳姉妹と年とった乳母の七人家族は、ベッド二つ以外何もない部屋に住んでいた。そのような彼らが、イタリアの再生を、半ばあきらめながらも強く願っていることがフロレンスにはよくわかった。

## オペラにピアノ

当時オーストリアの支配下にあったイタリアの人々が自由を求める息吹の激しさは、イタリアに入って以来一行がひしひしと感じていたところであり、とくにフロレンスは関連の書物を次々と読み、心情的に彼らに傾斜した。ウィリアムとファニイには新婚時代のフィレンツェの知人たちとの再会という喜びがあったのだが、その再会もイタリア解放を願う熱気に包まれた。あらゆる階級の人々の間にパトリオティズムが渦巻いていた。フロレンスのみならずナイチンゲール一家、当時のフィレンツェの英国人社会あげてのイタリア応援だったのである。

この熱気は、次の長期滞在地ジュネーブにも持ち越された。ジュネーブの知識人社会は、オーストリア政府の弾圧を逃れてイタリアからスイスにやってきた亡命者でいっぱいだった。いうならば政治的刺激を受けたフロレンスだったが、フィレンツェにおける彼女の日常は、やはり楽しみごとの連続だった。父ウィリアムの計画による美術や建築の勉強があったものの、いよいよダンスにのめり込み、足繁くオペラに通った。音楽への打ち込みようは尋常ではなかった。演奏会へ行くだけでなく、ピアノのレッスンを真面目に受けた。

のちに彼女は、その歴史的著述『看護覚え書き』の中で、「子供を守ることに役立つ法則（生命の法則、健康の法則、すなわち看護の法則）を学ぶよりも、ピアノを習うほうがよいというのか」と、ヴィクトリア朝の若い女性の〝教養〟にかみつくことになる。しかし、自分もピアノのレッスンに熱中した時があったのである。

人々で満ちあふれており、彼女はそれと意識しなくても精神の働きのうえに多大な刺激を受けたと思われる。とくに、父ウィリアムと友情で結ばれていた歴史学と経済学の大家シスモンディの存在には〝魅せられた〟といった風情で、彼が惜しみなく語ってくれるイタリアの歴史に耳を傾け、彼の導きでイタリア解放運動を身近に感じた。

### イタリア解放運動を見る

ジュネーブの政治色濃い社交界も、フロレンスの両親が慣れ親しむ

シスモンディは、若い頃フランス革命の波を逃れて英国で暮らしたのち、イタリアのトスカナ地方に居住、オーストリア皇帝に反目するイタリアの有力な支援者の一人で、フロレンスが出会った時は身の安全のために一時スイスへ帰っていた。彼はアダム＝スミスの『国富論』の解説者としても知られており、彼の〝弟子〟を名乗ったフロレンスは、国家や政治や時代というものなどを考えるという新しい経験に、はしゃいだ気配がある。

ナイチンゲール一家がジュネーブに滞在していた一八三八年の秋、人々を興奮させた政治関係の事件が二つ起こった。一つは、三年前に即位したオーストリア皇帝フェルディナンド一世が、政治犯の恩赦を宣言しながら厳しい誓約条件をつけたこと、もう一つは、ナポレオン一世の甥で、クリミア戦争の頃にはナポレオン三世となるルイ＝ナポレオンが、流罪先のアメリカからスイスにきて政府保護されたことに対し、フランス政府が抗議して軍隊を動員、スイス政府も応戦の構えをしたことである。

剣呑な気配が興奮に加わり、ジュネーブの旅行者たちは引き上げ始めた。ウィリアム＝ナイチンゲールも急ぎパリへ発つことを決めたが、旅の手配はもはや容易ではなかった。砲兵隊が徴集した残りの馬をなんとか手に入れてジュラ山脈を越える一家の目前を、次々と軍隊がよぎっていく緊張した移動となった。

ルイ＝ナポレオンが英国に行くことでフランスが納得したため、開戦の危機は去ったのだが、フロレンスはこの時、イタリア、スイス、フランス、さらにヨーロッパ、そして英国と、それぞれの国家や国民を意識したと思われる。

## パリでの日々

パリは社交シーズンのまっ最中だった。春までの滞在を予定してウィリアムは中心街に立派なアパートを借り、一家は社交界に乗り出した。彼らはそこで文化的社交の女王とみなされていたメアリー＝クラークの知遇を得た。英国人だがフランスで教育を受け、天賦の才をもって各界の優れた人々を魅きつけるサロンの主となったメアリー＝クラークだった。若い女性は好きでなかったと言われる彼女が、フロレンスを大いに気に入ったということは特記に値するだろう。

フロレンス十八歳の冬は、花の都にひときわ輝く花メアリー＝クラークのサロンを核に、社交に明け暮れた。作家、詩人、歴史家、旅行家、さまざまな分野の学者たちが集まるサロンのさざめきに、フロレンスは積極的に加わった。若い娘ながら対等に参加できたというべきだろう。母ファニイは、そのようなフロレンスにたいへん満足だった。彼女は姉妹に社交界の星となってほしかった。パリではとりわけフロレンスにその可能性を見いだし、自慢であった。

一家はメアリー＝クラークをクラーキーと呼ぶまでに親しくなった。クラーキーはサロンのメンバーだった東洋学者のユーリウス＝モールと結婚するが、このモール夫妻はその後〝フロレンス＝ナイチンゲール〟の社会的誕生をいろいろなかたちで支援することになる。フロレンスのパリの日々は、クラーキーとの出会いに意味があった。ただ彼女には、まだそれがわからなかった。母ファニイはこの時点で出会いの価値を捉えていたものの、それは一人よがりの浅見だった。

しかし、母と娘の両方がそのずれを決定的なものとするのは何年も先、母と娘の長い闘いの果てである。

# II　目覚め

〝群衆〟の中に呼ばわる者の声す。主の道に備えよ。

（フロレンス＝ナイチンゲール『カサンドラ』）

# 一　焦燥

## 模索するフロレンス

大陸旅行の間、神がふたたびフロレンスに声をかけなかったのは、彼女がそれに値しなかったからである、とウーダム＝スミスは大胆にも書いたが、フロレンスは二年近い旅の終わりに、パリで以下のように記している。

「神のしもべにふさわしい人間になるために、乗り越えなければならない第一の誘惑は、〝社交界で輝き渡りたい〟という誘惑である。」

フロレンスは、自分が毎日を楽しんでいるのは事実だが、そういう自分はかくありたいと願う自分とは違うことを知っていた。ダービシャーの夏の家とハンプシャーの冬の家とをぜいたくに住み分け、社交のシーズンにはロンドンのホテルに滞在する暮らしが、心地よくなかった。とはいっても、自分の目指すこと、欲することがはっきりしていたわけではない。家族、親類、知人たちの誰とも愛想よく付き合う日々、それが絶え間なく続く状態を、これではいけないと思っていた。

十代の終わり頃、つまり大陸旅行から帰った頃から部分的に書かれていたのではないかと言われる、女性の生き方についての体験的思索の書『カサンドラ』の中でフロレンスは、若い女性が知性と情熱をもちながら、因襲ゆえにそれを鍛える機会を得ることができず、結果として、高い目標に向かって倫理行動的に生きることができないことを、歯がみせんばかりに悔しがる。

現実には、一家は新装成ったエンブリイ荘を本拠に、ロンドンにもたびたび出かける暮らしを再開した。今や姉妹は、ナイチンゲール家の娘にふさわしい立派な相手との結婚に向けて精進するばかりのように見えた。母親をはじめ、周囲はみなそう思っていた。大家の女主人となる日のために家政の勉強もしなければならず、母ファニイの指揮のもと、姉妹の日常はこまごまと仕切られ、時間はいつのまにか過ぎていった。姉のパスィノープにとっては何の問題もない毎日だったが、フロレンスにはしっくりとせず、やがて苦痛になった。

このままではいけない、今の自分を変えなければならない、どのようにして？　何のために？　それがはっきりしないのだった。あの神の呼びかけ――イタリアやパリの興奮から覚めた今、しばしばよみがえるあの声――は、彼女に何をしなさいとは言ってくれなかった。確かなのは、今のままの自分ではいけないということだけだった。

## 数学に打ち込む

その焦燥と直接結びつくわけではなかったろうが、彼女は時間のある限り机に向かい勉強に励んだ。精力的に読書し、ギリシア語を学び、とりわけ数学に打ち込んだ。

きっかけは、親しく行き来していた母方の従兄の、ケンブリッジ大学入学を控えた勉強に彼女がつきあったことだった。従兄にはフロレンスへの恋心があったが、フロレンスにはその気持ちはまったくなく、結果として彼は失恋し、彼女は数学の虜になった。数学は確かさというものを教えてくれると、彼女はメアリー＝クラーク宛てに書いている。自分はただひたすら打ち込む仕事に向いており、数学はまさにそれであるとも言っている。

後年、直接にはクリミア戦争時の経験から自分の仕事の方式なるものを確立するに至った彼女が、その中で常に統計を駆使したことは、数学が彼女の性向に合致していたことを示している。〝ひたすら打ち込む仕事〟だからというだけではなく、彼女は論理に優れた資質であった。

しかし、夜中に起き出してまでする勉強は、母親をはじめ家族の不興をかった。フロレンスの〝勉強〟は、ナイチンゲール家の日課を乱すようになった。いくら勉強が好きでも、しぶしぶと晩餐に降りてくる日が続いたり、母や姉との家政諸事を疎んじるようになったりするのは許しがたい、勉強にしてもなぜ数学なのか、もっとレディにふさわしい学問があるだろう……家族はそう思った。

フロレンスに屈託のあることを家族それぞれが感じていた。大家の美しい娘に屈託はふさわしくなかった。フロレンスは何が不満なのか、と母ファニイは面白くなかった。勉強もやめさせたかった。

## フロレンスの真の理解者

このフロレンスに、よき理解者がいた。父ウィリアムとは心を通わせていたし、彼は彼女を大目に見ていたので（ファニイはこれが気に入らずのちのちまで非難し続けた）、フロレンスの理解者には違いなかったのだが、この時期の彼女を理解できていたかどうかは疑わしい。メアリー＝クラークはフロレンスの理解者だったとはいえ、悩みや苛立ちを綴った、フロレンスからのたびたびの手紙を受け止めてくれるにとどまっていた。

真の理解者はメイ叔母だった。父ウィリアムの妹で、母ファニイの弟と結婚したメアリー＝スミス、通称メイ叔母は、ウィリアムに似て知的でユーモアに富み、よく推察し、しかも優しく他者をケアするという稀な女性だった。メイ叔母なしに〝フロレンス＝ナイチンゲール〟は誕生しなかったとわれわれに思わせるほど、フロレンスは人生の長い山場をメイ叔母に支えられるのだが、それはこの目覚めの時期に始まった。

メイ叔母は、フロレンスとファニイやウィリアムの間をとりなし、フロレンスの勉強を励ますだけでなく、一緒に数学を勉強したり生きかたを語ったりすることができる人だった。誰よりも早くからフロレンスの才能に気づき、それを尊重した気配があると、伝記作家は書いている。

## 慈善に打ち込む

もう一つフロレンスが打ち込んだのが、リー・ハースト荘近隣の貧しい農民や工業労働者の小屋を、なにがしかの見舞品を持って訪問することだった。フロレンスの二十二歳の夏、いずれはしかるべき家に嫁ぐ娘たちの教育の一環として、母ファニイはそうした訪問に二人を積極的に連れていくようになった。

フロレンスは訪問先で見たことに衝撃を受け、それから、訪問にのめり込んだ。その頃の英国は凶作が続き、貧しい人々は飢え、不潔で、しばしば病んでいた。リー・ハースト荘は昔からのナイチンゲール家の地所にあるのだから、そこで過ごす夏の間、彼らを見舞うことは女主人ファニイの務めの一つだった。

その夏のフロレンスの手記

私の心は人びとの苦しみを想うと真っ暗になり、それが四六時中……私に付きまとって離れない。……私にはもう他のことは何も考えられない。詩人たちが謳い上げるこの世の栄光も、私にはすべて偽りとしか思えない。眼に映る人びとは皆、不安や貧困や病気に蝕まれている。

秋になってエンブリイ荘に移る時がきても、彼女はリー＝ハースト荘を去りたがらなかった。結局は連れて行かれてしまうのだが、留まることを母に嘆願した。母には〝救援物資〟をねだることもした。あきれるほど多量の食物、衣類、薬などをせがみ、慈善には物惜しみをしないファニイもためらいをみせるほどだったという。

フロレンスの要求には、不健康な小屋の建て直しや、貧しい人たちに赤ん坊の世話の仕方を教えるというような計画も含まれていた。彼女が単に施しをして事がすむとは決して思っていなかったことがわかる。

### 行為と思考の中断

一八四二年、一八四三年とフロレンス二十二〜二十三歳の時間が過ぎていった。〝時間が過ぎる〟ということを、彼女はこの頃からたいへん気にするようになった。何かわからないが、自分のしなければならないことをしないままに時間が過ぎていく。勉強をしていれば、やれ来客だ、訪問だ、ドレスの仮縫いだと中断される。村の小屋に病人を見舞うことは夏の間だけしかできないし、一家でロンドンや親戚の家へ滞在ということになれば、それも取り止めねばならない。

時間は足りないだけでなく、中断されるのだった。それは行為の中断であり思考の中断だった。

後年、『看護覚え書き』に彼女は書いている。

私の知るかぎりでは、長年にわたっていつも行為を中断させられるがままに過ごしてきた人たちが、そのためについには知性を混乱させなかったというためしはない。

**焦り**

フロレンスは焦った。かくありたい自分ではない自分を嫌悪して不機嫌にもなり、またそれを繕ろってはストレスを募らせた。〃かくありたい自分〃とは、神の声に従う自分であるから、神により近く寄り添うべく、聖書に問い、内的に曇りなく暮らすことに精進しているが、現実の自分の暮らしはどうだろうと苦しんだ。

魂の浄化、神との合一を目指すということでは、母方の信仰篤い叔母の一人が、フロレンスの手をとってともに歩いてくれたふしがある。その叔母は、恵まれたナイチンゲール家が本質的にもっている罪に敏感であるがゆえにフロレンスに屈託が生じていると解し、フロレンスをむしろ讃えた。しかし、フロレンスが満たされなかったのは現実の行動面である。外的にも浄化された生活をしなければならない、神に従うとはそういうことだと彼女は考えた。内的な浄化は外的な浄化の前提条件にすぎず、それは達成目的ではなかった。

## ひらめいた達成目的

一八四四年の春、二十四歳を目前にしたフロレンスは、ようやく何をなすべきかがわかったような気がした。それは病人の看護だった。彼女は、なぜそう思ったのだろうか。

近隣の貧しい小屋の、とりわけ病人や赤ん坊が彼女の脳裡に焼きついていた。彼女は、病人や赤ん坊のいる小屋をただ見舞うだけではなく、手を下して何やかやと世話をしたが、それがいつも適切だった。また、身内や友人の間に病人や赤ん坊がいるとその世話をもしばしば買って出て、上手にやってのけた。

病人の看護をすべきだと思ったのにはもちろん別の理由もあった。看護は〝する〟こと、つまり行動、だった。看護するということは、「あなたも行って（よきサマリア人と）同じようにしなさい」、という御言葉にまぎれもなく従うことだった。心を尽くしてキリストとの合一を得るように努めよう、達成目的はそこにあるとひらめいたのである。

# 二　持久

貧しい病人の看護をするなら病院へ行くことだ、と彼女は考えた。裕福な者は家で療養するのが習わしだった当時、病院は貧しい病人のいわば収容所になっていた。

**病院の起源**

病院の起源は、初期キリスト教時代に遡ることができる。キリストは、神の認める正しい道徳生活とはどのようなものかを身をもって、また例をあげて示したが、その彼は「仕えられるためではなく、仕えるため」にこの世にきたと言った。

「仕える」とは、例えば空腹の者に食べさせ、渇いている者に飲ませ、旅人に宿を貸し、裸の者に着せ、病人を見舞い、獄にいる者を訪ねることだった。キリスト教徒は神に認めてもらおうと「仕える」ことに励んだ。その生き方は、神を愛するとともに〝隣り人〟を愛し、苦しんでいる者がいたら、向こう側を通るようなことをせず、そばにいって力になるというものだった。

キリストの示唆に「病人を見舞い」とあったことから、キリスト教の世界に、家内の仕事ではない組織的な事業としての看護が、教会を拠り所にはじまった。女の助祭ディアコネスが、教会の祭事への奉仕に加えて「病人を見舞う」ことを職務として行ったことから、看護婦の原形はディアコネスであるとする向きもある。

キリスト教がローマの国教になるほど普及してからは、教会は〝隣り人〟に「仕える」ことをもっぱら行う施設を積極的につくった。それらは旅人の家、病者の家、老人の家、貧者の家などと呼ばれたが、呼び名ほどそこに集まる人々を区別していたわけではなく、総称すれば要保護者の家ということで、病院の原形とみなしても異論はないだろう。やがて要保護者の家の中から、もっぱら病人の世話をする病院が分離したのである。

### 中世の病院――シスターの看護

キリスト教世界の中心が教会から修道会（院）へと移った中世には、修道会が要保護者の家の事業主となり、修道者たちの主な任務を病人の看護とすると会則に定める修道会も生まれ、そのような修道会のシスターが病院で看護を行った。〝シスター〟は、ディアコネスに次ぐ看護婦の呼称である。

中世の病院は、権力のある者や富める者の寄進によって建てられ、キリスト教支配の社会にあって、入院している病人のほとんどが貧しい人たちだったにもかかわらず、どこか豊かな面があった。医師はまだ病院を主要な働き場にしておらず、シスターが、手伝いの女性などを使って病人の世話をした。

病人の世話をするシスターたちに求められたのは注意深さ、冷静さ、権威、公正さなどだったが、彼らは看護の仕事をするための訓練というものをいっさい受けなかった。主に男子修道者のものだった医学とも、まったくといってよいほど切り離されていた。しかしシスターは、修道者ということから社会的には尊敬されていた。病院は〝善きこと〟が行われている〝神の宿〟だったのである。

## 宗教改革後の病院運営

ところが、宗教改革を機に状況は一変した。プロテスタンティズムは、平たくいえば、修道生活だけが神に仕えるすべてではなく、市井に暮らして職業生活に生きることもまた神に仕える道であると主張し、修道院を否定したのである。このため病院は事業主を失い、多くが閉鎖に追い込まれたり管理不全に陥ったりした。

とくに英国においては、ヘンリー八世が修道院の解散を命じたので、貧しい病人は一時非常に悲惨な状態におかれた。例えば、「ロンドンの公道、公園、郊外において病気の貧民たち寝ころびて乞食する」という状態だった。

病院に貧しい病人を収容して世話をすることは、もはや人間社会に不可欠の社会活動になっていたから、宗教組織が手離した病院は順次都市などが譲り受け、篤志病院として再開された。貧しい人たちを助けようと富裕な人々が寄付する資金によって運営される病院である。市民委員会が運営する市民病院になったところも多々あった。これら病院は、どこの国でも押しなべて、病気の貧民が群れ集まる、傍目におぞましい場所となった。

## 初期の看護婦の実態

この時点で、シスターではない一般女性が病院の病人の世話を有給でするようになるのだが、それは、職業としての看護婦の誕生といって喜べるような事態ではなかった。彼らは、中世のシスターが属していた修道会のような組織も、シスターのような社会的身分もなかった。加えて、シスターたちと同様に職業人としての訓練を受けていなかった。看護婦は職業というには弱体にすぎるものであり、社会の底辺にいる女性が、生活のためにわずかな賃金を得ようとして就く仕事だった。看護婦になるのは、以前患者だった貧しい女性や、暮らしに困る未亡人たちで、仕事は肉体労働、低賃金、宿舎は地下室か屋根裏ということになれば、彼らが患者から金品を受け取ったり、酒を飲んだり、行動すべてが粗雑で品格をまったく欠いていたとしても、それはしかたのないことだったと思いたくもなる。

## 病院看護の劣悪なイメージ

しかし、最大の問題――これが二十四歳のフロレンス＝ナイチンゲールの志の行く手を阻む最難関になるのだが――は、看護婦というものに対して前記のようなレッテルが貼られたこと、あわせて病院という場所、とくに病院看護というものに対して劣悪というイメージができてしまったことである。中世の頃にくらべて、病院は著しく無秩序で不衛生になった。カトリックが強かったフランスなどでは、修道院のシスターが公共の運営となった病院の看護を従前どおり行ったので、英国にくらべれば事態はずっとよかったとはいうものの、訓練なしに規律と献身の姿勢だけで近世の病院看護をもちこたえることはできず、やはり病院や病院看護のイメージは人に顔をしかめさせるものになった。

この状況が十九世紀に持ち越されていたのである。市民的ヒューマニズムの台頭により十八世紀後半からは、いわゆる人道主義者たちが刑務所や救貧院、精神障害者の収容所などとともに病院を荒廃から救い出そうと、衛生改革をはじめとした改革に取り組んできたが、病院はおよそ〝神の宿〟とはかけ離れたおぞましい場所であることから脱却できず、また看護する者についてはいっこうに改善が見られなかった。

## フロレンス二十四歳

このような状況下では、フロレンスが「二十四歳になってからというものは、神が私に与えられた仕事（看護）の計画や構想に関しては、一点の曇りもなくなった」と決意しても、〝病院の病人たちを看護する〟という召命にすぐに応じることはできなかった。ナイチンゲール家の社会的地位は、寄付をすること以外に病院と接点をもたなかった。ナイチンゲール家の娘が病院に行って病人たちの世話をするなど、フロレンス以外の誰にも、およそ思い及ばないことであり、とても許し難いことだった。しかし、召命は日増しに強く意識された。フロレンスは周到に策を練った。不用意に切り出して決定的に否定されるようなことになってはならない。「隠れている宝は黙って発掘するに限る」のであった。

彼女が五月に二十四歳になったその翌月、千客万来のエンブリイ荘にアメリカの外科医で社会事業家のサムエル＝G＝ハウ博士が、同じく社会事業家で詩人の妻とともに数日滞在した。おそらくは世界最初の、盲人のためのケア施設を開いていたこの博士に、フロレンスははじめて病院行きを希望していることを打ち明けた――博士の娘がのちに書いている――が、家族にはまだ言えなかった。

気持ちが塞ぐ毎日だった。彼女は気持ちを言い出せない自分を、すべきことがわかっているのにそれをしない自分を責めた。

しかし一方で彼女は時に晴れ晴れとして社交を楽しむふうだった。美しい衣装に夢中になり、召命をしばし忘れた。社交界で目立つことに喜びをさえ覚えた。その後には激しい反動、自己嫌悪、ますます自分を責める、という繰り返しだった。

フロレンスは美しかった。シャーロット＝ブロンテの伝記を書いた作家のギャスケル夫人は、ナイチンゲール家に親しく出入りしたのだったが、二十四歳のフロレンスを、次のように描写している。

「フロレンス＝ナイチンゲールは背の高い、姿勢のよい、ほっそりした人です。短か目の、たっぷりした栗色の髪、透きとおるような肌、灰色の瞳。その瞳は想い深げに伏し目がちです。しかしその目が快活に輝くとき、彼女のように楽しげな面持を私は見たことがありません。……黒い絹の服の高い衿が細い白い喉もとを覆い、黒いショールを肩に掛けているその様子。……それは聖女を思わせる姿です。」（中村妙子訳）

そのうえ〝銀の響きをもつ低い声〟のフロレンスは、魅力的であることこのうえなく、誰の心をもすっかりひきつけてしまうのだった。

### 病人看護の体験

考えに考えたあげく、彼女が病院行きの希望を家族に話したのは二十五歳の年末のことだった。〝策〟は十分練られていた。というよりも準備は整いつつあった、というべきだろう。実際には、この先まだ七、八年も準備期間が続くのであるから。

一八四五年、フロレンスの身辺に病人が多く、はからずも彼女は病人の看護をする体験を積むことになった。二月には、メイ叔母の長男でナイチンゲール家の相続人、フロレンスの格別のお気に入りのウィリアム＝ショア＝スミスが麻疹にかかり、エンブリイ荘で養生することになったので、彼女は献身的に世話をした。

八月、フロレンスがリー＝ハースト荘に滞在中は、父方の祖母の健康状態が思わしくなかったので、しばらく祖母の家に泊まり込んで看病し、回復させた。
リーハースト荘に帰ると、今度は姉妹のかつての乳母が倒れ、フロレンスは母とともに懸命に看護した。エンブリイ荘に戻る時がきても病状ははかばかしくなく、結局は一家は乳母を連れてエンブリイ荘に帰ったのだが、まもなくして亡くなった。この間、フロレンスは日頃の暗い顔はどこへやらの様子で、いろいろと工夫をこらして看取った。これには母のファニイも感じ入ってしまった。

この夏は周辺の村にも病人が数多くいて、フロレンスはその世話に明け暮れた。彼女の場合、こうした体験を重ねたということは、自分が行ったことの実際的な結果を理解した、つまりは真の経験を積んだということである。そこで聡明な彼女は、もっとよい看護の方法があるのではないか、病人の看護をしたいからには、ただ病院へ行けばよいのではない、看護の訓練を受けなければならない、という考えに行き着いたのだった。

病院の病人のためにつくすには、それに必要な知識と技術を身につける必要があった。それは、職業に就くに当たってはしかるべき訓練を受ける必要がある、ということである。このごく当たり前のことが当時の看護婦という職業には未だ通用していなかったから、二十五歳の彼女が訓練の必要性を認識した時点で、職業としての看護の歴史は転換しはじめたといえるだろう。

## 病院行きの計画を打ち明ける

病院へはまず看護を学びに行くべきであると悟った彼女は、エンブリイ荘最寄りの、ソールズベリーの市立病院へ数カ月間見習いに行くことを思い立った。その病院であれば、医長はナイチンゲール家のいつもの客の一人であり、場所も近いので行かせてもらえるのではないか、と考えたのである。

十二月、エンブリイ荘に市立病院の医長が招かれていた席で、フロレンスはソールズベリーの病院へ行く計画を打ち明けた。爆弾を投げ込んだに等しい反応であった。この問題がその後何年も長引いたことを思えば、ただの爆弾ではなかった。

親しい従妹へのフロレンスの手紙によれば、母ファニイは震えあがり、それから怒り狂い、姉のパースはヒステリーを起こした。医長夫妻も冷水を浴びせられた様子だったたし、父ウィリアムは騒ぎにうんざりしてロンドンに逃げてしまった。

フロレンスの計画は受け入れられなかった。機は少しも満ちていなかったのである。

「さしあたって、今年は私としても何もできないでしょう。……永久に何もできないかもしれません」と彼女は同じ手紙に書いている。「もしも今、私の自由を束縛している肉親の人たちよりも長生きできたなら」、したいことができるだろうというくだりには、敗北を認めて前進をあきらめた気配がなくもない。

しかし彼女の意志は固かった。看護の勉強をし、病院で病人を看護しようとする自分を妨げる

〝束縛〟を打ち破るべく、持久戦に入ったのである。

彼女を束縛したのはヴィクトリア朝という時代だが、具体的には家族だった。彼女は家族を愛していた。そりの合わない、あるいは人生観や価値観の違う母と姉をも愛していたので、彼らの嘆きや怒りに知らないふりはできなかった。そのため、闘いは長引いたのだった。

もう一つには、フロレンスは召命を受けた身として、自分が本当に神の召命にふさわしいのであれば、そして病院で病人を看護する仕事が本当に神の望まれる自分の仕事であるならば、神はそれができるように計らってくださるはずだ、と思うのだった。

# III 待機

未亡人であること、健康が優れないこと、家計上の必要性、この三つの説明または理由は、女性が職業を持つことを正当化するものだと思われています。ある場合には、不屈の精神力だけでこの三つの理由以外でも充分なこともありますが、そういうことはまれです。

（フロレンス＝ナイチンゲール『カサンドラ』）

## 一　思案

**フロレンスの真情**　『カサンドラ』にはこの時期の彼女の真情が吐露されている。

「理想的な生活というものは、善いものをどこまでも追求し、大きな目的に一心不乱に従事し、優れた理想と高邁な感情に対して共感する気品ある計画の中で生きられるものです。ところが現実の生活とは、晩餐、パーティ、家具、優れた建築の家やよく手入れされた庭、そしてこれらのものに共感したり、お客をもてなすことに一心不乱になったり（それはその人の時間すべてを使うことを意味するので、あまりにも現実的で苛酷な一心不乱さといえましょう）、また昼食して馬事で遠乗りに出かけるまでの間、別に時間が余っていれば恵まれない人々にスープやたれ汁の作り方を教え、……自分より貧しい親戚にきじやりんごを送る計画をしたりして、生きられている生活なのです。」

## 新たな勉強に打ち込む

家族の気持ちを思いやりながら、フロレンスは引き続き勉強に打ち込んだ。それまでとは趣の一変した、自分の目的に合わせた勉強である。病院や衛生に関する公私の報告書の類を読み、ノートをとり、索引をつくる、これが勉強の中心だった。

一八四〇年代は、英国の公衆衛生改革が活発になり、その方面の政府白書も少なくなかった。政治家、外交官、医者などが集うナイチンゲール家の客間は、この種の情報を広く収集するのに絶好の場所だった。英国のみならず、パリやベルリンの病院事情をも彼女は知ることができた。この意味では、フロレンスの環境は不備どころか申し分なかった。

なかでも、かねて一家と肝胆相照らす賓客で、フロレンスのシンパサイザーだったプロシア（後のドイツ統一の中心となった王国）の駐英大使ブンゼン男爵が、ライン河畔のカイゼルスヴェルトに一八三六年に設立されたディアコネス学園の年報を届けてくれたことは、彼女が自分の行く手を一段と明確にするのを助けた。その年報は彼女にとって天啓に等しかったのである。

ライン河畔のカイゼルスヴェルト、ディアコネス学園の全景

## ディアコネス学園

ディアコネス学園とは、初期キリスト教時代のディアコネス（看護婦の原型、しかし教会の職位である）を、十九世紀の〝病人の世話〟事業のために復活させようと、プロテスタントの牧師テオドール＝フリードナーが開いた養成施設である。

二十二歳でカイゼルスヴェルト教区に着任したフリードナーは、教区の人々の幸せのために教会はもっと何をすべきかを探求し、ヨーロッパ各地の事情を見て歩いた結果、病人の看護にたどり着いた。古い家屋敷を後払いで買い取り、看護婦の経験ある妻フリーデリケとともに病院を開き、ディアコネスの訓練を始めた。

十八歳以上で、精神の健康を保証する牧師の手紙と、身体の健康を保証する医師の手紙を示すことができる女性を入学させ、三カ月の見習期間ののち、少額の報酬を支給し、病院や訪問のサービスをさせながら三年コースを学ばせる、というのがそのシステムだった。

彼女たちのうち、教会で神に約束し、神の祝福を受けた者がディアコネスになるのだった。

サービスに就きながらの学業ではあったが、フリードナー牧師が倫理と宗教を、フリーデリケ夫人が看護実技を、医師が解剖や生理や病理あるいは薬学を講義するそのプログラムは、近代看護幕開けの兆しともいうべきものだった。

医師の指示よりは牧師の指示が優先されたことから、中世の修道会看護の名残りが色濃いとして、看護婦訓練の起源という栄誉は、一八六〇年のナイチンゲール学校に譲るものの、カイゼルスヴェルトのディアコネス学園は、訓練がないために正式な職業として出発できないでいた看護の道を切り開いたのである。

## 不健康な日々

学園の年報に見た〝訓練〟の文字は、間違いなくフロレンスを感激させた。病院へ行って看護の勉強をしようという計画は、カイゼルスヴェルトへ行って見習生になろう、に変わった。訓練こそ彼女の求めていたものだった。

しかし、今度も彼女はすぐには希望を口に出さなかった。ソールズベリーの病院行きを願い出た時のことで懲りていたので、前にもまして慎重に時機を待った。黙々とひたすら勉強に励んだ。活動することからは思考が生まれるが、単に熱望することだけからは何も生まれない、と彼女は確信していた。

そうはいうものの、両親や姉の意向に従って、ナイチンゲール家の娘にふさわしい生活を続けている限り、勉強は夜中しかできない。フロレンスは未明にベッドを出て机に向かった。その勉強は、彼女をヨーロッパ随一の病院と衛生の専門家に仕立てていった。病院の実状を知れば知るほど、改善しなければというファイトが彼女にわいてきた。

一方で母や姉も、病院行きなどというとんでもない考えを捨てたようにはみえないフロレンスがいるからには、病院の実状をあちこちから聞き集めては、嫌悪の情をいっそうつのらせていた。フロレンスは家族と敵対しまいと決めて、周囲との調和に腐心しつつ、しかしますます決意を固くしていた。勉強と自制が彼女を疲弊させる。

未明に起きて勉強するといっても、いろいろと考え事をしていると頭がさえて、そもそも夜なかなか寝つけなかった。昼間に何とか机に向かおうとしても、毎日きちんと勉強を続けようとしても、ちょっとした〝義務〟で中断されたり、何日も間があいたりして、集中的に勉強することはとうていできなかった。「朝食のテーブルさえ自由に離れることのできない」自分に、彼女はわめきたくもなっただろう。女は何でも〝片手間に〟しなければならないと、歯がみもしたのである。

このような毎日が健康によいわけがない。彼女は病気がちになり、全身に不幸をにじませていた。母はフロレンスが幸せでないことが許せなかった。ソールズベリーの病院へ行くことをまだ考えているのかと、娘を疑いの目で見るのだった。

フロレンスを苦悩させる別の原因があった。結婚の決断である。母の願いは、フロレンスに求婚した申し分のない相手がいるのだから、すぐにでも結婚してくれることだった。

## 結婚するか、しないか

その相手、リチャード＝モンクトン＝ミルンズとは、一八四二年の初夏——フロレンスがリー＝ハースト荘周辺の農民小屋の訪問に熱中しはじめる直前——、エンブリイ荘近くのブロードランド荘で出会った。ブロードランド荘は、当主がやがて首相となるパーマストン家の館であった。現在はナショナルトラストが管理する、ハンプシャー州指折りの荘園である。

ナイチンゲール家の人々はそこで開かれる宴の席にしばしば連なり、ある日同じく招待されていた、やはり名のある館の相続人であったミルンズ青年を紹介された。

彼は詩人にして新進の政治家であり、知性にも人柄にも秀で、容姿も立派な好青年だった。誰からも好かれ、慈善活動にも真摯に身を入れている様子で、フロレンスが好意を寄せたのは確かである。

彼はフロレンスに愛を覚え、その後エンブリイ荘とリー＝ハースト荘をたびたび訪れ、ロンドンの社交シーズンもナイチンゲール家の人々と共に過ごした。

手記によれば、フロレンスのほうにも好意というよりは熱い思慕の情が、少なくとも一時的にあるいは繰り返しあったようで、いっそのこと彼と結婚してしまおうかと考えたこともあったらしい。以前、一緒に数学の勉強をした従兄から求婚された時は、即座に断わって親戚関係をぎくしゃくさせたフロレンスだったが、今回の求婚はすぐには断われなかった。なんと、二十九歳の夏まで返事を延ばしに延ばしたのである。理想を追求するために結婚はしないと決めるまでには、長い時間が必要だった。

その間、彼女は何度も彼との結婚を夢見ては醒め、夢見たことを恥じ、いっそう勉強と思索と、可能な限りの〝他者への援助活動〟に打ち込むのだった。母は、彼との結婚に踏み切らないフロレンスに苛立った。罵ることさえした。フロレンスは、自分が母を苦しめていることに心を痛めた。

母ばかりではなく、姉もそうだった。パースは妹のためを思う気持ちが強く、それが干渉的な行動となってフロレンスを苦しめた。フロレンスは、パースに対してほとんど関心がなかったらしい。日常生活上の交流は普通にあったが、パースはフロレンスの思いに入っていくことができなかったと推測される。

## ゆるぎない決意

フロレンスは孤独だった。文章が達者で博識なのだから、書くことによって自らを表現したらどうかとクラーキーに勧められたが、また母がフロレンスは作家として世に立つのもよいなどと派手なことを夢見ていることも知っていたが、彼女は看護の仕事をすることしか考えられなかった。書くことなど、生きることの代用品でしかないとクラーキーには答えている。十九世紀の才能ある女性に開かれていた職業の一つが文筆業であり、その装いは、ナイチンゲール家の令嬢にふさわしくなくはなかった。

しかし、文筆はフロレンスが選ぶ道ではなかった。自分の思いを言葉にするのは空しい、行動するのだという彼女の決意にゆるぎはなかった。

# 二　ローマ行き

## セリナ夫人との出会い

机の奥深くしのばせたディアコネス学園の年報を心の盾《たて》に、しかし志望を切り出せずに悶々としながら、うわべをつくろって毎日を暮らすフロレンスの目の前が、ふと明るくなった。

相変わらず文化人サロンの女王であり、フロレンスのシンパでもあるあのクラーキーが、旅行家というか自由人のブレースブリッジ夫妻を紹介してくれたからである。特に夫人のセリナが、フロレンスを救ってくれた。芸術のセンス豊かに身も心もゆったりと大きいセリナは、フロレンスの心のうちを感じとり、そのまま受け止めた。それればかりか、メイ叔母と同じく、フロレンスには並の人とは違う何かがあり、いずれそれが花開くだろうと直感したのだった。花開くのを見守ろうという気配もあったのではないだろうか。

セリナの心情をフロレンスも直感した。セリナのサロンに加わる機会も嬉しかったが、それよりも、思いの丈《たけ》をもってセリナと対話できるのが嬉しかった。想像上の対話さえした。それが幾ばくかの落ち着きを彼女にもたらしたかもしれない。

母はセリナのスター性にフロレンスの可能性を重ね見て、二人の交流を好ましく思い、促した。何といっても、娘フロレンスが普通ではない才能の持ち主であることは、ファニイもわかっていた。当の娘が、実のある人生を生きたいと一途に考えていることは、少しもわかっていなかった。

ナイチンゲール家はこぞってセリナを、そのギリシア好きのところとギリシア彫像風の容貌から、ローマ字のSにあたるギリシア文字シグマと親しく呼び、フロレンスとの親交を喜んだ。シグマの出現で、フロレンス問題は片づくという雰囲気さえ生まれたらしい。しかしそうは事は進まず、フロレンスは内的葛藤ゆえの疲弊を目に見えて募らせていた。母の社交がますます盛んになったことはフロレンスの〝擬態〟を難しくさせ、彼女を打ちのめした。

## 冬のローマへ

ブレースブリッジ夫妻がここで救いの手を差し伸べてくれた。ローマへの避寒旅行にフロレンスを誘ってくれたのである。この申し出をフロレンス自身はたんたんと受けたようだが、ナイチンゲール家としては、願ってもないことと大喜びした。フロレンスがこの旅行で気晴らしをしてくれるならと期待したのである。

一八四七年の初冬から翌四八年四月までの約半年間、ブレースブリッジ夫妻の、自由放任とはいえないまでも干渉のほとんどない保護のもとに、フロレンスはローマで自分を解き放つことができた。十年前の家族旅行で訪れた時と同じく、ローマの魅力が彼女をとりこにした。彼女は本領を発揮して計画的・研究的に古代ローマ文明の跡や、ルネサンスの贈り物を楽しんだ。

なかでもバチカン市国のシスティーナ礼拝堂の天井画に、フロレンスはいたく心を揺さぶられた。セリナと一緒だったようだが、ミケランジェロの描く天国の情景に、登場人物の声を聞くように見入り、〝神の近くにある自分を感じた〟のだった。それは御言葉をよりよく理解できるであろうという予感でもあった。彼女の目はデルフィの女預言者シビラの顔に釘づけになった。

「神の声を聞くべく召命を受けたという実感ははっきりもっているのですが、自分の耳がさとくないために、天来の言葉の意味を汚すのではないかと恐れている」のかもしれないと天井のシビラに近づいた。そこには共感があったと言ってよいだろう。


フロレンスはこの旅では〝声〟を忘れることはなかった。リー・ハースト荘で、エンブリイ荘でひそかに追求し、いっこうに先が開かれずに悩みの種だったあの人生の目的から、決して目をそらさなかった。ミケランジェロのシビラに自分を重ね、自分は必ず神の呼びかけに従うと誓ったのではないだろうか。

## シドニー＝ハーバートとの出会い

ローマ滞在中、彼女を励まし、実際に彼女のその後を決定したとみなすことのできる出会いが二つあった。

第一は、シドニー＝ハーバートとの運命的ともいえる出会いである。すでに入閣の経験もある貴族の政治家シドニー＝ハーバートは、名だたる将軍の娘でなみはずれて美しい妻のエリザベスと、ちょうどフロレンスの両親がそうしたように、大陸で長い新婚旅行をしていた。フロレンスは、人間味に優れ、善なるものの化身かとも思われるような美しいエリザベスとすぐさま知己になったが、その夫のほうとは互いに同志とわかり、〝死が二人を分かつまで〟の〝戦友〟になった。もっともフロレンスのほうがはるかに志が強固で戦闘意欲も高く、彼は彼女に後押しされた感があるが、これはあとの話である。

シドニー＝ハーバートは家柄に際立ち、知性・情緒ともに豊かなうえに、徳の人であり、政治的手腕にも富むという人物だった。そのうえ比類ないハンサムなさまは、ナショナル-ポートレート-ギャラリー（ロンドン）で一見に価する。

彼はエンブリイ荘からさほど遠くない、フロレンスが看護をしにいきたいと言った病院のあるソールズベリー界隈のウィルトンの館（現在はナショナルトラスト）に住み、やがて相続してハーバート卿となるのだが、ありあまる財力でひそかに慈善活動をしたり、フロレンスのリー-ハースト荘における〝実践〟と同じように、地域の貧しい人々の暮らし

ソールズベリーの旧市街に建つ
シドニー＝ハーバート像

の向上に心を尽くしていた。フロレンスが彼の人間性とそうした思想・行動にひかれたのは当然だった。

ローマの日々、ハーバート夫妻の客間や英国人同士で出かける小旅行を場に、考えるところを語り合う二人は相互に理解を深めていった。彼はカイゼルスヴェルトへ行きたいという彼女の望みに賛意を表した。彼もフロレンスの内にあるものに強くひかれたのである。

二人は、互いに友情、敬意、感嘆を抱いたが、根本には生きる姿勢においての同類感覚があったといえるだろう。そのまた根本には、キリスト教信仰の実践という共通項があった。

帰国後、彼らの交流は一段と頻繁になり、ハーバートの政界・社交界の人脈を通して、フロレンスは〝勉強〟を助けられ、自分の〝計画〟を煮詰めていくとともに、神の御心に沿う決意を強くする。それには第二の出会いの支えも大きかった。

## サンタ＝コロンバ尼院長との出会い

半年の滞在の後半にフロレンスは、あるエピソードがらみでローマ-カトリック教会付属修道院の尼院長に出会う。

エピソードというのは、ローマの貧民街の子供の一人に、フロレンスが衝動的に援助の手を差し出さずにはいられなかった事の次第である。その孤児の少女が、向こう何年か続くフロレンスの援助によって修道院付属の学校に入ることができたのは、サンタ＝コロンバ尼院長の、杓子定規ではない計らいのおかげだった。

フロレンスは一目でサンタ＝コロンバ尼院長と心を通じた。彼女は以前からカトリックのシスターたちの救貧や教育、看護などの実践活動に共感していた。カイゼルスヴェルト行きを考えるに際しては、フランスなどのカトリック修道会の活動も合わせて調べていた。ナイチンゲール家は、プロテスタントのなかでも、他者の利益のための行動にかかわるべきであると主張するユニテリアン派だったから、彼女がカトリックの信仰実践を近く感じるのは、自然のなりゆきだったかもしれない。

フロレンスは、足繁くサンタ＝コロンバ尼院長を訪ねて導きを受け、神の御意《みこころ》には絶対に従うようにという尼院長の教えを肝に銘じた。シスターたちの、高い目的に向けての献身に圧倒された。尼院長の計らいで十日間修道院内で暮らし、厳しい黙想の時を過ごした。御意に耳を澄ませつつ生きるための方法としての黙想に、彼女は目覚めた。

黙想は、それまでエンブリイ荘やリー＝ハースト荘で彼女をしばしば捕えた夢想を退けることになるだろうか。フロレンスは黙想で力を得、蘇えることができるのだろうか。

# 三　疲弊

## たび重なる計画の挫折

一八四八年四月、フロレンスは晴れ晴れとして帰ってきた。しかし、彼女が元気になったのは自分の進む道に確信をもったからである。母も姉もそこが見抜けず、ハーバート夫妻やブレースブリッジ夫妻、そして彼らの周辺と以前にも増して親しく交流するフロレンスに満足した。

しかしフロレンスの思考は、この時点で一途にカイゼルスヴェルト行きに向けられ、ハーバート夫妻はそれを励ましてくれ、もっぱらそのことで彼女は高揚していたのである。

九月、母と姉が医師の勧めで有名な鉱泉の地カールスバード（現在のカルロビバリ、チェコの西端）へ保養に行くことになり、家族ともども途中フランクフルト滞在中のクラーキーを訪ねるというので、フロレンスは色めいた。フランクフルトからならカイゼルスヴェルトはそう遠くはないのだ。いざと奮い立ったフロレンスだが、十二月の国民議会を控えた彼の地の情勢不穏のために、母と姉のカールスバード行きは取り止めになってしまった。

フロレンスの反動は恐ろしいほどだった。家族の誰もが知らない計画の挫折には、ひそかに一人で耐えるほかなく、彼女はうちひしがれた。ふたたび暗い淵に沈み、父ウィリアムをも含め周囲の不可解と不満の視線を浴びることになった。

冬になった。フロレンスは、エンブリイ荘近くの村の貧しい百姓家での病人看護に打ち込み、家族はまたもや苛立つのだった。

イエス゠キリストの、「私の兄弟であるこれらの最も小さい者の一人にしたのは、すなわち、私にしたのである」という言葉に彼女はすがっていたに違いない。これは〝献身〟の実際として、サンタ゠コロンバ尼院長が賛成してくれた方法でもあった。

しかし、彼女は御意《みこころ》に応えて看護の仕事にどうしても就かなければならなかった。それにはカイゼルスヴェルトへ訓練を受けに行かなければならない。英国にはそのような訓練学校はなかった。行くことができないでいる自分の弱さを責めて彼女は崩れ落ちた。そこへ追い打ちをかけたのが、リチャード゠モンクトン゠ミルンズの改めてのプロポーズと、彼女がそれを拒絶したことであった。御意に応えるためには結婚は無用だった。

## 結婚を拒絶

プロポーズを断わったものの、彼女は彼を愛していた。拒絶したあとに苦しみが広がり、彼女はほとんど病人になってしまった。

私のなかの情熱的な性向は彼との生活で満たされるだろう。私のなかの知的な性向も彼との生活のなかで満たされるだろう。しかし私には満たされずにはいられないもう一つの性向、倫理行動的な性向があり、それは彼との生活においては満たされないだろう。だが、この最後のものが私には一番大事であり、その私がいま結婚するとしたら、それは精神的な自殺だ。（ストレイチ）

フロレンスは辛うじて結婚を思いとどまったのである。彼には何の不満も抱いていなかったのだから、ふさぎ込んでしまうのは当然だった。

そうとは知らない母のファニイは怒り、狂わんばかりだった。本当の理由を知っていたら、もっと激しく怒ったことだろう。

# 四　エジプト・ギリシア旅行

## ふたたび旅へ

見かねてシグマがまた救いの手を差し伸べてくれた。今度はエジプトを主に、ギリシアへと回るオリエントの旅である。ブレースブリッジ氏にはエジプトやギリシアでの仕事もあった。

フロレンスが元気になるならと、またもや期待を込めてナイチンゲール夫妻は出発を許したが、さすがに周囲には、フロレンスには何でも許すのかという非難の声があった。ブレースブリッジ夫妻は、二年前のローマ行きが、少なくともあの当座はフロレンスを生き生きとさせたのだからと、彼女を誘ったのである。彼らは、ファニイたちの期待とは次元の違う、フロレンスらしいフロレンス、本当のフロレンスの発現を願ってくれたふしがある。

一八四九年の秋から翌年の夏にかけての、八カ月に及ぶ旅の日々の彼女の心象は、若い日の彼女の内にひそんだエネルギーのありようを、結果としての方向を示唆しつつ語っているように思われる。フロレンスは旅の間、三十歳の誕生日を迎えての感慨をはじめ、想いの丈《たけ》を小さな黒い手帳に記した。この旅行中のフロレンスの経験と内面世界については、その手帳をもとにして主要な伝記が言及しているほか、エジプト滞在中に関しては、彼女の最初の著書――といっても私家版だが――『エジプトからの手紙』にうかがうことができる。

一九九一年八月、筆者は三十歳のフロレンスを追う〝なぞりの旅〟をした。旅の地が紀元前の世界であれば、彼女に遅れること一五〇年ほどが何であろう。彼女の立った場所に立ち、見たものを見ることにより、その時の彼女の心象に少しは近づけるのではないかと思ったのである。

## ナイルの旅

フロレンスの一行は、十一月から翌年四月までの五カ月間をエジプトで過ごした。ブレースブリッジ氏の用事があったとはいえ、そもそもは英国の冬を避けるための優雅な旅であった。

しかし、現在のデータによればであるが、冬とはいってもエジプトの気温は夏季とさほど変わらない。体温をしのぐ気温と強烈な日射と熱砂の地、それがエジプトである。

彼らはハーレム用にしつらえた蒸気船を雇い、両岸に砂とところどころの集落を見ながらナイルを遡った。

筆者はそれらすべてを俯瞰しつつ空を飛び、彼らが船を降りて訪ねたルクソールとアブシンベルで降りた。

フロレンスはこの旅のための事前学習に熱中した。オマリーによる伝記に掲載された姉パースのスケッチから、彼女が、科学的な歴史叙述を創始したツキディデス、ロゼッタ石によって古代エジプト象形文字を解読したフランスのシャンポリオン、イギリスの古代地誌学者レークなどを読んでいたことがわかる。

フロレンスもこの旅に期待をしていた。違った世界が開け、罪の意識と焦燥から抜け出ることができるのではないか、家族を苦しめるような自分とは別れることができるのではないかと。

『エジプトからの手紙』は、フロレンスがこの旅行中毎日のように家族に書き送った手紙集だが、この立派な〝エジプト報告〟には、存分に楽しんでいる様子をうかがうことができ、読んだ人たちは、行かせてよかったと安心したことだろう。

ところが実際は、この旅は彼女をさらに深く考え込ませた。旅の終わりに、その時はほんのおまけのように装ってはいたが、カイゼルスヴェルトへ行ってしまうのである。

往復約三千キロに及ぶ川旅は約五カ月かかり、彼女にはたっぷりと時間があった。ロンドン五十一度、テーベ二十六度、アブシンベル二十二度などと緯度をメモしつつナイルを遡っていく彼女は、英国におけるわが身の現実が、日を追って遠くなっていく感覚を抱いたのではないだろうか。

## 解放と思索

フロレンスは解放された。それまで置かれていた状況を離れることによって、旅する人誰もが経験する解放だった。つまり、特別の時間をもつことである。その時間はおのずから自分を見つめる思索の時になる。解放の中の存分な思索である。

フロレンスの場合、それまでの生活があのようだっただけに、また旅の地がエジプトだっただけに解放は大きく広がり、思索はいくらでも深くなっただろう。気候のせいか、ブレースブリッジ氏が体調を崩したために日程的にゆったりしたことで、彼女にはなおさら時間がたっぷりあった。

矢のように刺すきらめく光が身を隠しようもなくする真昼に、海のように広がる厚い砂と一色をなすカルナックの神殿跡に立つと、自分も溶け込んで消えてしまうような解放感がある。そのうち移ろいの時がきて、夕陽が砂の世界にえもいわれぬ美しさと平和を満たす。

その平和のうちに人々の暮らしの気配がふいに近く感じられ、解き放たれていた精神が浄化されてこの身に戻ってくる。フロレンスはそこで黙示を得た。神の造りたもうたばかりの清らかなこの世を見た。三十年後、彼女はこの光景に重ねてインドの農民の暮らしの理想像を描くのである。

夜、神殿跡はオベリスクを中空にいや高くそびえさせて星明かりのもとに静まり、たたずむ人を闇が包み込む。フロレンスは『エジプトからの手紙』に、次のように書いた。「エジプトに昼はいらない、夜だけでよい……ヨブのように永遠の夜の中にあるべきだ」。いわれなき苦しみを負わされ、ついには神に論争をしかけ、被造物であることを自覚しない罪を指摘されてざんげするヨブに、フロレンスは自分を重ねたのであろう。

エジプトの人々の多くの生きるさまが、訪れる者にショックを与えるということでは、十九世紀も現在も大差はないように思われる。家がなく祖先の墓所で死者とともに暮らす人々、市街地には密集し、砂漠には点在する日干しレンガの住居小屋、砂まみれのパン、群れ飛ぶ蚊、ぞろぞろついてくる子供たち、昼日中から所在なげにたむろする男たち、およそ能率の悪い日常などをフロレンスも見たのである。そして彼女は彼らに心を寄せた。何とかできればと考えた。

「私がエジプトの王の一人だったら……生まれ変わって、この国の貧しい人達を救うためにここに戻りたい」、「とどまっていっしょに暮らし、彼らのためのプランをたてたい」と書いている。

彼女はリー-ハースト荘やエンブリイ荘の周辺とは桁違いのエジプトの現実に身をゆさぶられ、行動を起こす時を一気に手前に引き寄せた、といってよいかもしれない。「とどまっていっしょに暮らし」は、年来の彼女の熱い思いが時期を得て一つ結実したとみることができる。

この考えは以後、彼女の思想と実践の基本となる。自らの実践が無理な状況では、この基本を方法の根底にすえて他者を動かすことになる。

この旅の一年半後、本格的なカイゼルスヴェルト行きに際してディアコネス学園に提出した経歴書にも、「貧しい人々とともに暮らしたいと切に願い」と彼女は書いており、セツルメント活動の発想がある。貧しい人々とともに暮らすことによってはじめて、本当に彼らの力になれると彼女は確信した。そうしてこそ彼らを知ることができ、彼らとかかわりをもつことができるのだと。

フロレンスは、もちろんエジプトの地にとどまらなかった。しかし、「とどまっていっしょに暮らし」は、普通の人間には思いの及ばない心情である。乞食たちに混じって物乞いすることからはじめたあのアッシジの聖フランシスコが、彼女の向こうに重なる。

## フロレンスの宗教観

フロレンスはまた、エジプトの多彩な宗教に接して違和感を覚えず、しかし、キリスト者として、たいへん強くなった。

イスラム教をはじめ、古くからのエジプトの神々であるオシリスやイシス、歴代の王などを祀る信仰生活、旧約聖書の世界に加え幼いイエスと両親の逃避を迎えて以来のキリスト教、それもカトリックとプロテスタントとエジプト独特のキリスト教であるコプト教、このようにさまざまな神が御座《おわ》すのみならず、神々が宿りをともにした跡もあるエジプトで、フロレンスはこだわりなく神々の前に立った。

キリスト教と対比してイスラム教をみることもなかったし、エジプトの古い神々を疎んずることもなかった。彼女の唯一の神の存在を他の神々が侵すわけではなかったのだと、『エジプトからの手紙』にはうかがうことができる。人間にとっての神一般を知った、と言ってよいのかもしれない。その様子は、二年前のローマの冬にもあった。

「私は朝は異教徒、午後はユダヤ教徒、そして夕方にはクリスチャンになります……私は、神を知るにはキリスト教の体系と同様、異教徒やユダヤ教徒のそれも研究しなければならないと考えています。」

キリスト者としても、彼女は宗派などにこだわらなかった。ローマの冬、あのエピソードを契機に、カトリックの教理にうなずいたように、プロテスタントとカトリックの区別を気にすることはなかったし、プロテスタントのなかの宗派にこだわることもなく、いわば〝よきサマリア人派〟だった。

**キリストを身近に感じる**

しかし、エジプトを旅する彼女は、神々の中にあってキリストを特に身近に感じることができた。キリストは今、この貧しいエジプトの地に何を成らせようとしておられるのかを彼女は問い続けた。

手記によれば、フロレンスはナイルもかなり上流のフィラエ島で、イシス神殿の入口に立つキリストを月光のもとに見た。一九七〇年以来、フィラエ島はダム建設のためナセル湖に沈んだが、神殿だけが高みに移されて水に浮かぶように残り、彼女のその時の姿を、白日のもとの現代の旅行者たちに想像させる。

彼女はエジプトで繰り返し神の声を聞いた。それはしばしば、ローマのサンタ＝コロンバ尼院長の声であり、言葉であった。尼院長は繰り返しフロレンスに、神の御意《みこころ》には絶対に従うようにと教えた。錨をおろした船の戸口に立って星空を仰ぎ、ただ神の御意だけを聞き取ろうとしているフロレンスが、手帳の乱れた文字の中から浮かび上がってくる。

耳を澄ました彼女に届いたのは、「主の道を備えよ」と荒野で呼ばわるバプテスマのヨハネの声ではなかったか。この頃も書き綴っていたと思われる『カサンドラ』の冒頭に、彼女は〝荒野〟を〝群衆〟と言い換えて、この聖句を置いている。

フロレンスはエジプトで、〝声〟に応じる心的用意を終わったかにみえる。しかし、最終の決断はできないままにギリシアへ渡った。古代ギリシアの世界に入り込んだフロレンスには、結果的に激しい揺れ戻しが起こるのである。

## ユーメニディーズの洞窟

一行がアテネに着いたのは春四月、もう蟬が鳴いていて、フロレンスははしゃいで一匹つかまえ、飼ったという。プラトンと名づけたその蟬や女神アテネの名を呈したふくろうの子供らを友にして、四月、五月、六月とさぞや美しいであろう季節をギリシアに遊んだフロレンスは、例によって建築や美術にうんちくを傾け耽溺もしたが、気持ちは次第に暗く惨めになっていった。そのとめどなさは、ユーメニディーズの洞窟を訪れて決定的となったらしい。

「六月七日、ユーメニディーズの洞窟へ行って、私につきまとっていたユーメニディーズの正体はいったい何なのかを神に尋ねたいと思った。それから解放されたいというのではない。ユーメニディーズは大歓迎。でもこれ以上の己れの過ちからは救われたい。……私はユーメニディーズの洞窟へ行って一人で坐し、あの罪の拷問がいかに今まで私につきまとってきたかを考え……」

アテネ、ユーメニディーズの洞窟跡とおぼしき場所

ユーメニディーズ、またの名をエリューニスあるいはフュリーズは復讐の女神たちだが、転じて恵みの女神たちでもある。間違いなくフロレンスの周囲の者は一人として知らなかったことだが、この復讐の女神たちが、彼女につきまとっていたというのである。

多分ここであろうということで筆者が案内されたのは、アクロポリスの丘に向き合うアレオパゴスの丘のふもとの崩れた洞穴だった。入り口とおぼしきところに〝アレオパゴスの聖デオヌシオ教会〟と刻んだ石がはめ込まれており、見回せばそこは小さな教会の跡であった。

フロレンスが訪ねた一四〇年前にはもう洞穴の中へは入れなかっただろうし、教会もとっくになくなっていただろうと案内人は言った。ただ、アクロポリスのパルテノンへの道から少しはずれたその場所は、オリーブや針葉樹の森に守られており、今より人影が少なかったであろう当時は、まだ聖域の雰囲気を残していたのではないだろうか。洞穴の上に、パウロの伝道の地である旨の碑があり、そのパウロが次なる伝道の地コリントへ旅立つ時に従ったのが、この教会を献じられた裁判人デオヌシオであると知ると、そこは、一人坐して神に尋ねるフロレンスを十分思い描くことのできる場所だった。

## ウィリアム＝クーパー

長時間坐してユーメニディーズを待っていた彼女の思いを、クーパーの苦悩がよぎったと、ある伝記は〝手帳〟から推測している。

英国の詩人ウィリアム＝クーパー（一七三一—一八〇〇）を彼女は熱愛し、アテネではいつも彼の伝記を読んでいたという。クーパーは激しいキリスト者で、罪の意識とパラノイアを、おそらくは結婚の失敗や父の死を機に高じさせ、一度ならず自殺を図り、精神病院入院の経験もあった。彼もまた自分の罪を確信し、すぐにも裁きをと願うユーメニディーズを待つ人だったのだろう。

彼の詩は讃美歌にも二つ入っていて、そのうち一つは、ヨハネによる福音書第十三章七節のイエスの言葉、「私のしていることは今あなたにはわからないが、あとでわかるようになるだろう」を踏まえている。

## カサンドラとアンチゴネ

フロレンスは、なぜユーメニディーズの洞窟に身を置くことを願ったのだろうか。お召しの声にかくも長い間応えずにいる罪の意識、家族を苦しめている罪の意識、ゆえに復讐の女神という図式は想像できるが、それだけだろうか。それに、どうしてユーメニディーズの洞窟を知っていたのだろうか。

フロレンスはシェイクスピアが好きだったが、シェイクスピアの世界の奥にある古代ギリシア劇の世界、特に三大悲劇作家の一人とされるアイスキュロスを好んだ。ユーメニディーズはアイスキュロスの『アガメムノン』を中心とする一連の悲劇のテーマの一つであるうえ、『アガメムノン』には、彼がトロイア遠征から補虜として連れ帰ったカサンドラが登場する。

カサンドラは、預言の能力をもちながらそれを誰からも信じてもらえないという神罰を負う、無視された預言者である。周囲の人々に代表される社会一般に比べ、個人的にではなく世の中の前進のためによく生きるということに関して確実にはるか先を見ていた若い日のフロレンスは、十九世紀のカサンドラだった。

フロレンスはまた、ソフオクレスの描くオイディプス王の娘、アンチゴネにも引かれたのではないだろうか。不運に敢然として立ち向かう勇気をもちながら、神々の前には卑小な人間として、悲哀を生きざるをえない盲目の父の手をとって放浪し、最後の休息の地ユーメニディーズの洞窟に導くアンチゴネ。自分の生き方をめぐる両親との葛藤の行く末を、アンチゴネのようにありたいと願ったのかもしれない。

## 〝あるべき自分〟と〝現実の自分〟との距離

英国を出発する時点では、フロレンスは家族の期待に応え、明るくなって帰ってこようと思っていた。そのことはエジプトからのはじめの頃の手紙に明らかである。

ブレースブリッジ氏が借りた船に〝パルテノペー〟と姉の名がついていると知ると、ペチコートをつぶしてその名を縫いつけた三角旗をつくり（それがなかなか手の込んだ見事な出来であることはロンドンのナイチンゲール博物館で見ることができる）、「はーい、みなさん」といった調子で旅の報告をしていたのである。「みなさんご心配なく、私はもう看護婦になるなどとは言いません」と言っているようにさえとれる。しかし、旅が進むにつれ、エジプトでギリシアで、彼女は〝あるべき自分〟がいよいよ少しの曇りもなく見えてきて、〝現実の自分〟との距離にそれまで以上に苦しむことになった。

先にも述べたように、この旅行から帰った翌年、カイゼルスヴェルトへ念願の〝修業〟に行くに際して経歴書を提出するのだが、そこには、お召しに応えずにきた自分の罪、罰を受けるべき罪を列挙している。いわく……この世の栄光を受け入れた、楽しんだ、闘い抜かなかった、悪魔の差し出したものを受け取った、結婚に心を動かしもした、私は神に背いた、一度ならず神は私を呼ばれたものにもかかわらず……。

彼女は告白した。「洗礼の後にキリストが受けた誘惑のように、最大の誘惑というものは、つねに、私が自分の本分と選択がゆるぎないものだと思い込んだ直後にやってくるもののように思えた。」

## 十カ月ぶりの帰国だったが……

この旅行の帰途、フロレンスの様子をみかねたブレースブリッジ夫人シグマの発案と後押しにより、彼女は不意に機会を得てあこがれのカイゼルスヴェルトへ行くことができ、ディアコネス学園に二週間滞在、フリードナー夫妻の仕事に感動して勇気満々、前進あるのみとリー・ハーストに帰ってきたはずだが、またもや、家族にいやな思いをさせたくないという〝誘惑〟に心ゆらぐのだった。母と姉を、そして父までをも、自分のために苦しめたくなかった。

ポケットからふくろうのアテネを取り出して見せるフロレンスに、ナイチンゲール家はいっときはなごんだ。十カ月ぶりの再会だった。しかしそのなごやかさも、フロレンスがカイゼルスヴェルトへ寄ってきたとわかると消し飛んだ。母と姉はみっともないことをしたと怒って、泣きわめき、父も不快さを隠さなかった。以前と同じ、いやそれ以上の憎しみがフロレンスに向けられ、もはや理解も何もありえない、一家狂騒となった。

なかでも姉パースの騒ぎようが尋常ではなかった。母ファニイと同じく、フロレンスが自分に恥をかかせることが我慢ならなかったのだが、パースの場合、それに加えてフロレンスが自分のほうを向いてくれないという恨みがましい思いがあったようである。

思えば、姉妹といってもフロレンスが圧倒的にスターであり、いつでも衆目を集め、パースは下手をすると妹の付属物にすぎない扱いを受けた。それを避けるためには、フロレンスがパースをひたすら愛し、立ててくれればよい。パースはそれを求め、他者の気持ちのよくわかるフロレンスはそれに応えてきた。フロレンスが光輝けばパースも輝くのである。それがどうだろう、フロレンスが病院の看護婦などになったら、自分もみすぼらしくなってしまうではないか、というのがパースの小さな頭の中であった。

賢明なフロレンスが、ふたたび自分を殺すことにしたのは当然の成り行きである。彼女は深く落ち込んだ。姉にしっかり従うようにと母に命じられ、だまって言われたとおりにした。折悪しく、あのリチャード＝モンクトン＝ミルンズが婚約したことをこの頃耳にするはめになり、神のお召しに応えるために彼のプロポーズをきっぱり断わった自分だったが、気持ちはさらに滅入った。そんな自分がまた嫌だった。「三十一歳の私には、死はこよなく望ましい」とまで彼女は日記に書いている。

一八五一年になっていた。日々にぎやかな社交に振り回され、夜ごと自分を責める暮らしの中で、実は少しずつ事態は変わっていた。

ハーバート家と行き来することでフロレンスは励まされた。夫妻は彼女が善き仕事に就くことを祝福してくれた。彼女はまた、ブレースブリッジ夫妻を介して英国出身でアメリカ最初の女医エリザベス＝ブラックウエル女史と知り合うことができた。フロレンスは、かねてから自分より一つ年下の女史のパイオニア的生き方に関心を抱いており、ロンドン滞在中の女史をエンブリイ荘に招いて、自分の計画を聞いてもらった。こうしたことの積み重ねが、フロレンスの〝本気〟さを、後に言われるところの〝鉄の意志〟を、少しずつ周囲に悟らせていったのである。

ただ待っていてはだめだ、自ら欲しいものを勝ちとらなければならないのだと彼女は知った。母や姉の機嫌を気にするのはよそうとはっきり言葉にしたかどうかはともかく、三十一歳の誕生日から一カ月ほどの間に、彼女は元気を取り戻した。

# Ⅳ　助走

英国の女性はその知性においては異常なほどの発達を遂げたといってよいであろう。ところが、人間はジャンプでもしないかぎり両足を同時に出したりはできないのと同じように、これは知性の足だけが前に進んできているのであって、実践の足は後ろに残ったままの状態なのである。その意味で女性は斜めに立っている現状なのである。すなわち行動のための女性の教育は知識のための教育と足並みをそろえていないのである。

（フロレンス＝ナイチンゲール『カイゼルスヴェルトのディアコネス学園』）

## 一　カイゼルスヴェルトのディアコネス学園

### ディアコネス学園を見学

一八五〇年の夏、エジプト・ギリシア旅行の帰途にカイゼルスヴェルトへ寄ることができたのは、ブレースブリッジ夫人シグマのいわばマジックだった。

七月三十一日、彼女はフリードナー夫妻に歓迎され、夫妻のほうはこの英国女性の真摯な様子に打たれ、彼女の二週間の見学を精一杯助けた。この時フロレンスは、近くのインに宿をとって毎日学園に通い、ディアコネスの一人に案内されて病院や孤児院をはじめ様々な施設を見て回った。子供たちにちょっとした話をしたり、いっしょに散歩したりしたが、何といっても見学であり、訓練を受けることとは別だった。

ただしフロレンスならではの見学だったのである。八月十三日、別れの挨拶をしたフロレンスは、フリードナー牧師から学園の紹介を書いてほしいと依頼されて引き受けたのだが、その論稿は、カイゼルスヴェルトの学園を歴史的にまた社会的に位置づけ、あわせて学園の精神と実際とをあますところなく語る完璧な〝見学報告〟だった。

## 最初の著作

フロレンスはデュッセルドルフでブレースブリッジ夫妻に合流した時、長年の夢がかなって生気をみなぎらせ、ケルンに着くやいなや筆をとって、『牧師フリードナー閣下の指導による病院、幼児学校、授産学校そして女性更生所の維持と運営を包括する、ディアコネス訓練教育のためのライン河畔カイゼルスヴェルト学園』(通称『カイゼルスヴェルトのディアコネス学園』)を、五日ほどで書きあげた。

夫妻は、彼女が原稿を仕上げるまで帰国を待ってくれたうえ、ブレースブリッジ氏は原稿に目を通してくれた。それは翌一八五一年、匿名で出版された。三十二頁の小冊子だがフロレンスの最初の著作であり、その完璧さゆえに、現在もカイゼルスヴェルトの学園案内書になっている。

フロレンスはそれを英国の若い女性たちに向けて書いたのだった。彼女は本章冒頭の引用に続けて、英国の若い女性は〃主の使女《つかいめ》〃として有益な行動、つまり仕事を必要としているのに、仕事に就く機会もなければ仕事に備えての教育も受けていない、と暗にではあるが自らの苦しみをふまえて声明し、その点への神の恩恵としてディアコネス学園の存在を語る。

キリスト教のごく初期のディアコネスの活動がカイゼルスヴェルトに復活しており、画期的にもディアコネス（プロテスタントのシスターといってもよい）になるための訓練さえ用意されていることに、〃怠けることに忙しい〃英国の女性たちの目を向けさせ、そこに行けば生き生きと仕事ができると、檄を飛ばす。

## ディアコネスとは

フロレンスも書き添えているが、学園は、誓いを立ててディアコネスになろうとする志はなくても、クリスチャンにふさわしい生き方をしようとする女性であれば受け入れた。

また、ディアコネスになった者が、結婚その他の理由で去ることも、家庭を持ちながら働くことも可能だった。六カ月の見習いを務めたのちはわずかながら報酬を得て、教区の病院や幼児学校、刑期を終えた女性のための更生所、あるいは訪問看護協会などで働き、年老いたり病気になったりしたら、ディアコネスの〃母の家〃へ帰って憩うことができるのだった。

フロレンスは、『カイゼルスヴェルトのディアコネス学園』を、次のように結ぶ。

主（イエス）に「私は親愛なる英国の使女《つかいめ》たちを呼んだのだが、彼女たちは答えなかった。私は彼女たちの扉の前に立ち、ノックしたが彼女たちは開けようともしなかった」と言われることがないようにしようではないか。

一八五一年六月、三十一歳になった直後、もはや家族を失望させまいとする努力はやめ、己の信ずる道を進もうと心を決めた。〝仕事〟に備えて訓練を受けるための、カイゼルスヴェルト行きの決行である。

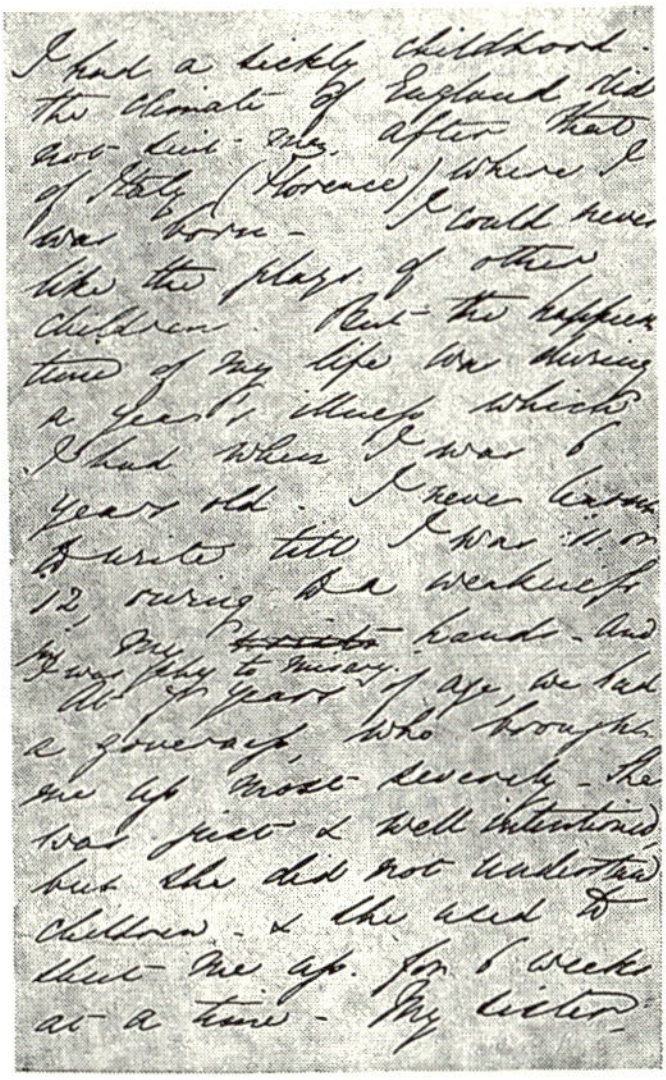
I had a sickly childhood - the climate of England did not suit me. After that of Italy (Florence) where I was born - I could never like the plays of other children. But the happiest time of my life was during a year's illness which I had when I was 6 years old. I never learnt to write till I was 11 or 12, owing to a weakness in my ~~[illegible]~~ hands - And I was [illegible] to misery. At 7 years of age, we had a governess, who brought me up most severely - She was just & well intentioned but she did not understand children - & she used to shut me up for 6 weeks at a time - My sister

フロレンスが1851年７月24日に書き、ディアコネス学園に提出した経歴書

## カイゼルスヴェルト行き

七月半ば、彼女は見学者ではなく見習生としてカイゼルスヴェルトにいた。パースがふたたび温泉療法が必要になり、母とカールスバードに滞在することになったので、そこまでフロレンスもいっしょに行き、帰りもそこで合流するというかたちであった。もちろんフロレンスは母や姉

とは別に出発したかったが、とうてい許されなかった。

母と姉はフロレンスがカイゼルスヴェルトへ行くことを世間に隠しておきたかったので、彼女にもカールスバードへ行ってもらわなければならなかった。彼らはフロレンスがミルンズの求婚を断ったことに激怒していたし、パースの健康が優れないのも、勝手なことをするフロレンスのせいだと思っていたくらいで、そのうえ看護の訓練を受けに行くようなみっともないことをさせるわけにはいかなかった。フロレンスがどうしても行くというなら、できる限り短期間にさせなければならない。それが、カールスバードまで強引にフロレンスを伴い、そこからカイゼルスヴェルトに行かせた理由だった。

母と姉は、フロレンスがカイゼルスヴェルトへ行ったことを誰にもひた隠しにした。フロレンスはどこなのと、同行したモール夫人などは探したという。

### フロレンスを支持した人たち

一方、ナイチンゲール家の知己である人たちのほとんどは、程度の差こそあれ、フロレンスが看護の訓練を受けにカイゼルスヴェルトへ行くことに賛成していた。プロテスタントの牧師がはじめた事業であり、前年のフロレンスの報告書からも、道徳面での問題はないことを知っていた。おしなべて強い倫理観をもつ彼らは、フロレンスがしようとしている仕事の意義を認めていたから、彼女が看護をするために訓練を受けるのは当然であると考えていた。

学園のパンフレットをフロレンスに渡したブンゼン夫妻、ハーバート夫妻（彼らはカイゼルスヴェルトにフロレンスを一日訪ねたほどである）、もちろんブレースブリッジ夫妻、またメイ叔母とその夫のサム叔父、彼女が最も親しくし、かつ頼りにした母方の一つ違いの従妹ヒラリー＝ボナム＝カーターなど親族の者たちがこぞってフロレンスの〝決行〟を支持したから、ファニイもパースもしぶしぶ認めたということであろう。

フロレンスがこの旅のことをあまり書き残していないので、三人でイギリスを発ち、カールスバードに着き、三カ月後にケルンで合流して帰国するまでの細かいことはわからない。

父ウィリアムは、この頃にはもう妻と娘たちのごたごたからすっかり身を引いたかたちで、書物の世界に暮らしていたらしい。政治その他世の中のことからも一切遠ざかり、ファニイには、フロレンスのことに加えて夫ウィリアムもまた悩みの種であったろう。

## 訓練と修練の日々

見習生フロレンスは学園の中の孤児院に起居し、自分が『カイゼルスヴェルトのディアコネス学園』に書いたような、清く正しい行動の日々を送った。

看護法の訓練は、実際はそれほどの内容ではなかったらしく、体系化もされていなかったが、そこには実務を通しての学びがあった。

フリードナー牧師の教える、キリストの指針に共感し、それが実務訓練とともにあることに特に感じ入った。後に彼女は訓練と修練、すなわち心の訓練の両方を看護婦教育の基本に置くが、それはここカイゼルスヴェルトで実現されていたのである。訓練と修練は、そこに働く人々に士気と献身を生み出していた。

フロレンスは、看護がよき仕事であることを目の当たりにした。思えば、彼女が見習生となった頃のカイゼルスヴェルトは、登り坂の充実期にあった。それはヨーロッパ中世一〇〇〇年の間にキリスト教が培った文化基盤にしっくりとなじみ、何かよい仕事をしたい若い女性に看護の訓練とサービスに就く機会を与えて成功したのである。

ほかならぬフロレンス＝ナイチンゲールによって、職業として一般化された看護とその教育が世界に普及した後も、ディアコネスはドイツをはじめオランダやスカンジナビア諸国の少女たちのあこがれの的であり続けた。

## 現在も続くディアコネス教育

カイゼルスヴェルトでは、現在も看護教育が行われている。ごく最近になって、ディアコネスを志願する者よりも一般の看護婦を志望する者のほうが多くなったとは聞くが、訓練と修練とからなるディアコネス教育には、看護が本質的に内包する情緒上の動機に応えるものがあるように思われ、フリードナー牧師が灯し、ナイチンゲールが輝きを加えた教育と実践の道標が消えることはないだろう。

＊

学園に滞在中、フロレンスは自分の毎日の過ごし方を感激と合わせて、カールスバードの母と姉に詳しく伝えた。自分が心身ともに健康で幸せであることを感じて、「お母さまも喜んでくださるでしょう」とまで書いたのだが、返事はもらえず、なんと帰途ケルンで合流した時、彼女は母と姉から「刑務所から釈放されたばかり」であるかのような扱いを受けたのである。

## 二　弾み

### 日常生活に戻る

ふたたびリ＝ハーストで、エンブリイで、ロンドンで、フロレンスを含むナイチンゲール家の日常がはじまった。しかし、フロレンスは以前とはまったく変わっていた。カイゼルスヴェルトを経験した彼女はすでに走り出していたのである。

母と姉の存在は一段とうっとうしくなっていたが、彼らを嫌うことはできず、といって理解を求めて彼らに近づこうとする努力はきっぱりとやめ、心ならずも彼らを無視する結果になった。彼女は引き続き病院看護の訓練を自分に課したかった。今度はロンドンの大病院でなどとも考えたが、様々な理由から思うようにならないまま、時が過ぎた。

一つ進展があったのは、父ウィリアムが彼女の味方になったことである。彼は妻と姉娘のフロレンス攻撃にうんざりする一方、フロレンスのことが心配でたまらなかった。彼女がカイゼルスヴェルトから帰った一八五一年の冬、彼は彼女を伴って眼の治療のために一時転地をした。何といってもフロレンスはウィリアムのお気に入りであり、水入らずの二人の日々が、娘の〝本気〟を彼に理解させたのであろう。

## 『カサンドラ』

一八五二年、フロレンスは『カサンドラ』のほとんどを書き上げた。志と能力があるのに生き方を規制され、因習に縛られ人格まで無視される上流階級の娘カサンドラは、彼女自身だった。自分自身のことを書いたと言っているが、従妹のヒラリーのことも重ねていたのではないだろうか。

ヒラリー＝ボナム＝カーターは絵画の才があり、クラーキーことモール夫人がパリで勉強する機会をつくってくれたが、ファニイの姉である彼女の母親もまたファニイと同じように、六人姉妹の長女であるヒラリーが絵の勉強にパリに行くなどもってのほかであり、彼女は〝家〟にいなければならないと、せっかくの機会を捨てさせた。ヒラリーはフロレンスと違い、自分を犠牲にしたのだった。フロレンスはそれを、自分のことのように悔しがったのである。

## 交友関係の広がり

一八五二年のロンドン滞在中は、母の干渉をものともせず、彼女は独自の交友関係を広げた。詩人のロバート＝ブラウニングの夫人で同じく詩人のエリザベス＝バレット＝ブラウニング、作家のジョージ＝エリオット、のちに大主教となるアーサー＝スタンリーとその妹メアリー＝スタンリー、後の首相パーマストン卿とその義理の息子シャフツベリー卿などと、フロレンスは盛んに交流した。

オックスフォードのベイリオル＝コレッジに学び、宗教家よりも行動人の養成を主張したベンジャミン＝ジョウェットの影響を受けた詩人アーサー＝ヒュー＝クラフが、フロレンスの熱烈な信奉者となったのもこの頃だった。

クラフは、後にフロレンスの父方の従妹と結婚して彼女とより近くなり、クリミア戦争後の彼女の内面を支える貴重な友となる。

同年夏、彼女はカトリックに魅かれ、ローマの冬にシドニー＝ハーバートを介して知り合った後の枢機卿ヘンリー＝マニングに接近した。マニングは、英国国教会の司祭からカトリックに改宗しカトリック教会内で地位を極めたのだが、その間、身分ある人たちを数多く改宗させたことで世に知られている。フロレンスは、カトリックに改宗するのではと周囲に思わせるところまでいったが、それはカトリックの修道会に属する女性の信仰実践活動に意味を認めたからであった。

## 社会主義思想への傾倒

カトリックへの接近と同時に社会主義思想にも熱中した。労働者階級の人々の信仰心の衰退傾向に関心をもったのがその動機だった。社会主義思想といっても急進派のそれではなく、穏健といってよいオーエンの系統であった。

彼女は、労働者階級において信仰と社会主義思想とが共存する道を探る論文を書きはじめた。クリミア戦争後に出版する、『真理を探究する英国の職人への思索への示唆』である。この論文によって、カトリック教徒としては思想が〝異端〟であることを自他（マニング）に認めさせ、英国国教に踏みとどまった。

人間が自らの理性をはたらかせて、自らを完成へと導く社会的ならびに道徳的法則を理解することを〝絶対者〟は意図している、と彼女は記すのである。

カトリックに改宗はしなかったが、マニングとの友情は続き、フロレンスは彼の世話でアイルランドの看護修道女会シスター－オブ－メルシーで短期間看護をしようと決めた。その後、やはりマニングの紹介してくれたパリの看護修道女会シスター－オブ－チャリティへ行こうという心づもりだった。

## アイルランド行き

あらゆる政治的妨害にめげず、カトリックが国民の暮らしに根づいていたアイルランドで、一八二八年、キャサリン＝マッコレイという女性が、荒廃していた病院看護を建て直そうと、奉仕活動をする在俗の慈悲姉妹会（シスター－オブ－メルシー）を設立した。

数年後に彼女自身が誓いを立ててシスターになったため、この会もカトリックの修道女会となり、集まったシスターたちはアイルランド各地の病院はもとより、一八三九年にはロンドン東部のバーモンゼー、続いてオーストラリアのシドニーや南北戦争以前のアメリカにも出向いて看護活動を行った。

この会の奉仕活動に刺激を受けて、英国国教会派の姉妹会や修道女会も生まれた。例えば、聖ヨハネの家修道会がよく知られているが、それは十九世紀も半ばになってからのことで、フロレンスが看護の訓練を積もうと思った頃は、アイルランドが先行していた。

一八五二年の夏、またしても母と姉の抗議を振り払うのに多大なエネルギーを使ったあげく、今やかなり多くなった有力な賛同者たちの力添えを得て、彼女はようやくアイルランドへ行った。しかし、ベルファストにあるシスター＝オブ＝メルシーの病院は改築のため閉鎖中で、計画はふいになってしまった。せっかく来たのだからと、アイルランドの病院をいくつか見学したものの、その結果は、カトリックのシスターたちの看護こそと意気込んでいた彼女の気持ちをくじくものだった。シスター看護は組織に優れ、彼女たちは道徳面ではまったく問題なかったが、技術が劣っていたのである。

## パリ行きの計画と実行

志は変わらず、秋になるとパリのシスター＝オブ＝チャリティへ行く手はずを整えた。フロレンスの行動計画の進行とともに姉パースの精神状態は悪くなった。母ファニイはパースをかばってフロレンスをなじったが、彼女はめげなかった。しかし、母の気持ちを無視したわけではない。クラーキーやブレースブリッジ夫妻やハーバート夫妻、それにメイ叔母などの応援を得て、少しでもと母の理解を求めつつ、出立の準備をした。シスター‐オブ‐チャリティで訓練を受けたならばそのまま病院に就職するつもりであった。「お母さまだって……私がこれから先一生お母さまの居間でぶらぶらして暮らすなどとは思っていらっしゃらないでしょう」とファニイに言いたかったのだが言えず、手記に書いた。

パースは、自分の心身の病状を持ち出したり、あるいはナイチンゲール家周辺に手紙で訴えるなど、フロレンス攻撃をやめなかった。フロレンスは慈善や人道主義に身を投げ出すような人物ではなく、フロレンスのすることもしようとしていることも自己顕示欲のためとパースは主張するのだった。フロレンスが、その後においても、少なくともある人たちにはそう見えたということを一部の伝記は述べている。

それでもフロレンスは、リー‐ハーストで大叔母の看取りをしたり、父方の祖母を訪ねてなぐさめたりと手間どったあげく、パリまでの旅に〝後見人〟をつけられて、一八五三年二月、クラーキーの家にたどり着いた。十七歳の時に初めて訪れたバック街のクラーキーのサロンであった。フロレンスは三十三歳になっていた。励ましはおろか〝行ってらっしゃい〟という見送りもしてもらえなかったが、ようやく彼女は生家を出ることができた。

クラーキーの夫モール氏の第一級の知識人としての高名と、マニングのカトリック界で容易に事を通すことのできる力とによって、フロレンスにはあらゆる便宜が許された。シスター‐オブ‐チャリティの配下の病院、〝神の摂理の家〟の見習生として看護に従事することが、即座に決定したのである。

## シスター－オブ－チャリティ

シスター－オブ－チャリティには十七世紀早々以来の長い歴史があり、今日なおフランスやスペインを中心に、この修道女会のシスターが看護活動を続けている。

宗教改革後の混乱がカトリック教派とプロテスタント教派の間で市民戦争を引き起こしたフランスは、カトリックが強く残った国とはいえ、修道会の慈善活動は低下し、貧困と疾病が大きな社会問題であった。

フランシスコ修道会の修道僧、聖ヴァンサン＝ド＝ポール（一五七六〜一六六〇）は、そのような世の中に対して〝善き行い〟をしたいという富裕な婦人たちにはたらきかけ、ある田舎町に慈善協会を結成させた。その会員となった婦人たちは自らを〝貧者の召使い〟と呼び、貧しい病人を訪ね、看護を行った。社会の必要に応えたこの活動は各地に広がっていき、やがてパリにも慈善協会ができたのだが、その主導者となった裕福な未亡人ルイズ＝ド＝グラは、自分たちの手助けをする少女たちを募集した。

ルイズ＝ド＝グラは、まもなく僧籍に入って尼僧となり、少女たちに自ら若干の訓練を施してサービスにつかせた。この組織がシスター–オブ–チャリティ、慈善姉妹会とでも呼ぶべき団体であり、聖ヴァンサン＝ド＝ポールがこの会を監督した。

シスター–オブ–チャリティは、当初は修道会ではなかったが、一六四五年になってローマに会則が認められ、カトリックの修道会となった。しかし、この会の体質は中世の修道会とはまったく異なっていた。聖ヴァンサン＝ド＝ポールは次のように記している。

「シスター–オブ–チャリティのシスターは修道院の代わりに病者の家、礼拝堂の代わりに教区教会、修道院の個室の代わりに下宿、遁世の代わりに従順、格子窓の代わりに神への畏敬、そしてベールの代わりに敬虔な慎み深さをもつべきである。」

「娘たちよ、あなたがたは尼僧ではない。もしあなたがたの間におせっかいな人が現われて、〝尼僧になればよかったのに。そのほうがどんなに立派なことか〟というようなことになったら、ああ娘たちよ、シスター–オブ–チャリティの精神は死に瀕することになりましょう。……尼僧という言葉は隠遁生活を意味しますが、ここのシスターはどこへでも出かけていかなければならないのです。」（『看護の歴史』）

ここには、中世の看護修道会からの確かな一歩前進がある。この会のシスターは、初めのうちは教区を一つずつ受け持って訪問活動を行ったが、そのうち各地の病院の看護をシスター-グループが担当するようになった。ルイズ＝ド＝グラは各地のシスターたちに手紙を書き、助言したり励ましたりした。

この活動は社会の必要によく応え、発展を続けた。聖ヴァンサン＝ド＝ポールとルイズ＝ド＝グラが一六六〇年に相次いで亡くなった後もアメリカやカナダ、インドや中国にまで活動は広がった。ただし、聖ヴァンサンの革新的な尼僧観は次第に影をひそめ、いつのまにか、カトリックの看護修道会そのものになってしまった。

「なってしまった」と断言すると語弊があるので付け加えておく。十八世紀、十九世紀初頭と病人の看護や病院活動にこれといった動きのないなかで、カトリックの修道会の一部は看護の灯を掲げ続け、シスター-オブ-チャリティなどでは、若干の看護の訓練をさえ行っていたのである。

## 病院調査に着手

フロレンスは、このシスター-オブ-チャリティで看護を学ぼうとした。ルイズ＝ド＝グラのようになろうとしたのではなく、実務を志したのである。

パリでは、フロレンスの勉強に拍車がかかった。モール氏のお蔭で、彼女はパリのどの病院にも出入り自由だったため、病院の実務を思う存分に調査した。病院の仕事のあらゆる持ち場に直接出向き、目で見たことを書きとめ、職員に質問調査を行い、結果をまとめた。フロレンスの調査は、パリ以外のフランスの病院、母国の病院、ドイツの病院にまで及び、一カ月ほどの間に、こと病院に関しては押しも押されもしない専門家になっていた。

このように、ウォームアップを十分にして、いざ〝神の摂理の家〟へ入るという時になって、父方の祖母が倒れたという知らせが届いた。彼女はタプトンへ飛んで帰り、手を尽くして九十五歳の祖母の最期を看取ったのである。

タプトンはハロウエイ村より少し北方の町である。〝神の摂理の家〟との約束をキャンセルしてきたフロレンスは、祖母を葬送した後、家族がいない時期のリー・ハースト荘に一人帰った。母と姉にあれこれ言われたくないという段階はもう終わり、何としても家族から独立して職に就く決意を貫きたかった。

## 三 婦人家庭教師のための療養所

### ハーレー街一番地

世界に知られた医師の街、ロンドン－ハーレー街九十番地（当時は一番地）の歯科医のオフィスだという白い家の壁に、次のように刻まれている。

フロレンス＝ナイチンゲール、当地にあった彼女の病院をあとにして、一八五四年十月二十一日、クリミアへ。

フロレンスのシンパサイザーたちは、彼女にふさわしい職を探してくれていた。名だたるレディたちの委員会が運営する婦人家庭教師のための療養所（サナトリウム）の責任者はどうか、という話をもってきたのはシドニー＝ハーバート夫人である。ハーバート夫人はこの時点ではその委員会のメンバーではなかったが、フロレンスが行くことを決めると、友人であるレディ委員たちの誘いに応じて、フロレンスを支援するために委員になった。

女性の職業がきわめて限られていた当時、しかるべき家柄の出身でありながら収入を得る手だて

ハーレー街１番地（現90番地）の壁に

を考えなければならない女性たちの職業といえば、まず家庭教師だった。彼らが健康を害した時、貧しい病人が集まる〝ひどい〟病院に入るのでは気の毒だ、というわけで、貴族を含むレディたちはその療養所を慈善事業として運営していた。

### 療養所行きを決意

運営委員会のメンバーはもとより、患者も全員が立派な女性たちということもあって、母や姉も少しは安心するのではないかとフロレンスは考えた。

療養所はたまたま移転を迫られており、その移転先を決めるあたりから委員会はフロレンスに相談したらしい。運営委員会はもとの場所とそう離れていないハーレー街に建物を確保するとともに、フロレンス＝ナイチンゲールが療養所の責任者にふさわしいかどうかを検討した。自分たちと同じ階級のレディにこのような仕事ができるのだろうか、療養所に住み込むなどということがあり得るだろうか。

すでに準備は十分すぎるくらいに整い、行動エネルギーに満ち、自立の決意を固めた三十三歳のフロレンスは、そのような危惧を一笑にふしたが、ことが実現するまでには多少の紆余曲折があったのである。

親族には彼女のこのたびの出発を中傷する人々がいたし、委員会のレディたちとは思考のテンポが合わず、堂々めぐりの話し合いもたびたびだった。言うまでもなく母と姉のヒステリー攻撃は相変わらずだった。それでも何とか契約にこぎつけ、約束の日まで、シスター-オブ-チャリティの〝神の摂理の家〟で看護の訓練を受けようとパリに行ったが、二週間目に麻疹にかかり、モール夫妻の家で療養するはめになった。

## 療養所に赴任

彼女がハーレー街の療養所内に居を構えたのは一八五三年八月である。委員会のレディたちの要望もあり、私費で家政婦を雇っての赴任だった。私費といえば、彼女は〝無給で職に就いた〟のである。

父ウィリアムは、妻ファニイと姉娘パースの激しい反対を押し切って、相当な財産をフロレンスに贈与した。彼はもうファニイとパースには嫌気がさし、唯一フロレンスだけを信頼して応援したのである。

ハーレー街に乗り込んだフロレンス＝ナイチンゲールがみごとにやってのけたのは、ストラテジック-リーダーシップの発揮だった。問題解決的にというよりも、戦略的にと言ったほうが的確だろう。管理手腕を発揮したのである。

長い長い思索の時、調査の時、いつの頃からかは待機の時を持ちこたえた彼女にはパワーが満ちていた。それがどっと溢れ出たような仕事ぶりは、後から振り返ると、フロレンス＝ナイチンゲールその人の生涯を通しての仕事の仕方、すなわち考え方の特性をそっくり現していた。

彼女が療養所でやってのけたことの数々は、どんな伝記にも戦果を誇るように並べられている。就任前から委員会に書き送った要求書のような手紙の数々、従妹のヒラリー＝ボナム＝カーターや、すでに十余年に渡って彼女のシンパサイザーないしは同盟者であるクラーキー、それに何といっても愛をもって彼女を理解してくれている父親などに対する、思いをほとばしらせた手紙の数々が残っているからである。

## 療養所の改善に着手

フロレンスのハーレー街行きは、彼女自身にとっては待ちに待った独立の時であっても、ナイチンゲール一族にとっては大事件だったし、療養所での彼女の成果が、友人や知人、さらには彼らを介してロンドンの社交界や病院世界にあっという間に広まるということもあって、彼女の周辺の人たちが互いにやりとりした手紙にも、ハーレー街の療養所の管理責任者フロレンス＝ナイチンゲールの様子がしばしば登場する。

看護婦が階段を昇ったり降りたりしなくてもすむようにと、患者の食事を運ぶリフトをつくらせた。
看護婦詰め所のベルの鳴り方を工夫して、どの患者が呼んでいるのかがすぐわかるようにした。調理設備や家具などは、性能のよい上等の品を揃えさせた。シーツをはじめ、リネン類の数を十分に用意した。業者を選択して、適正な価格で質のよい食品を納入させた。

いずれも経費を必要としたが、結果的には節約になった。彼女は委員会の放漫な会計にメスを入れ、経理事務を改善し、費用対効果を高めたのである。働き手の効率も考える設備の改革だった。適正な価格で質のよい食品を納入した店の一つが、今日もよく知られるロンドン－ピカデリー街のフォートナム－アンド－メイスンである。

## 母の援助

フロレンスはリネン類や食品の援助を、母のファニイにも依頼した。ファニイとの確執を考えれば思い切ったことをしたものだが、ファニイはエンブリイ荘で採れる野菜や果物、狩の獲物に花まで添えて、ハーレー街へせっせと届けてくれた。慈善と思ってしたことなのか、やはり娘の苦境はわが苦境で、何らかの形で助けたいと思ってのことだったのか。ファニイたちがロンドン滞在中に休暇がとれても、フロレンスは彼らのところへ帰らず、自分が借りているフラットへ行くほどだったのに、ファニイは彼女の頼みに応えるのだった。

この頃ファニイは親しい知人に、アンデルセンを引いて、「自分たちは白鳥の卵をかえしてしまったあひる」と言ったそうだが、気に入らないことばかりしでかす娘フロレンスが、みにくいどころかあひるとは比べものにならない美しい白鳥、立派な業績をあげて自分たちの誇りとなるような大物に変身すると予感していたのだろうか。

## フロレンス流

フロレンスは、ハーレー街の療養所を自分の理想のものにしようと、原理原則から考えて前述のような行動に出たのだった。

その原理原則は、あるべき看護婦像である。彼女が看護婦たちに満足していたのかあるいは不満だったのかははっきりしないが、第一に、看護婦は患者のそばにいて看護に専念すべきであり、何かを取りに行ったり、使い勝手の悪い設備にわずらわされて、時間をとられたりしてはいけなかった。

第二に、だからといって看護婦は患者につきっきりで世話をしたり、寸刻も患者のそばを離れてはいけないということではなく、自分が不在の時のことを予測して手筈を整え、病棟の清潔や患者の食事の管理、必要物品の確保などに取り組む必要があるのだった。

フロレンスが自分の方法を通すためには、運営委員会のほかに、医師たちの組織である医局の同意を得る必要があったため、一方には他方が賛成してくれた案であると言い、他方には一方が提案した案であると言ったりしてうまく事を運んだようだ。父への手紙にそのことを自慢気に書いている。このような作戦も、フロレンス流だったことは事実だろう。

しかし彼女の場合それは常に大義のための方便であって、戦略的なあざとさはなかったように思われる。ただ、関係者たちには不快な場面もあったろう。父は娘の独裁的な〝やりすぎ〟を心配して、英国には昔から代議制というよい方法があると提案したほどである。

彼女のこうした〝方法〟は、クリミアの舞台にも、その後にも見ることができ、今日〝天使のダーク-サイド〟などと呼んでクローズアップするナイチンゲール研究家もいる。もちろん、〝実力ある天使〟という呼び方のほうが、絶対多数の人々に支持されてきた。

## 看護の実際

フロレンスの看護は、理にかない、思いやりに満ち、婦人の患者たちを感激させた。苦しむ患者に付き添って足をさする、身体の位置を変えるのを助ける、患者の話に耳を傾ける、重症者の手紙の代筆をするなどの一方で、使用薬物を点検し、手術に立ち合って手術助手も務めた。清潔で設備の整った気持ちよい療養環境をつくり出し、美味しい患者食を用意させた。この一部には、先に記したようにフロレンスの〝実家〟の物的支援の恩恵もあったし、彼女のポケットマネーも使われた。

ポケットマネーといえば、彼女は患者の入院費や、退院時の当座の生活費の面倒もみたし、再就職の世話もした。

彼女は患者を必要以上、長期間に渡って療養所に入院させないことを提案し、委員会はそれを決議した。療養所は居心地がよかったので、回復しても退院したがらない婦人たちが多かったからである。いつまでも入院していては、社会復帰が遅れるとフロレンスは心配した。もとの自立した生活に戻ってこそ本当の回復であるとするフロレンスの考え方は、当時としては革命的だった。

**広まる名声**

フロレンスの巧みな導きと支援を受けて、しぶしぶ気味ではあっても退院して行った婦人たちは、口々に彼女に感謝した。委員会は感嘆した。療養所が経済的に安定し、メンバーの寄付出資が減ったことにも感嘆した。

フロレンスの管理手腕と看護婦としての実力は、ロンドン中に知られるようになった。委員会のメンバーから社交界を通して、患者だった婦人たちやその周辺の人々を通して、フロレンス＝ナイチンゲールは名声を博していった。

彼女自身にも、以前と同じように社交界の生活はあった。それまでとは違って、主体的に参加したのである。学識や地位や身分のある人々との交流が、彼女の名声をさらに広めた。

次第に彼女は病院や看護や看護婦に関するコメントなどを求められるようになり、それらについて調査を行う機会を得たりもした。ロンドンで指折りの大病院の看護監督にという誘いもあった。折しもハーバート夫妻のような意識の高い人たちが、いぜん旧弊を引きずっている病院事情を改善したいと思いはじめ、特に看護婦を教育訓練する必要があると考えていた。

人道主義に立つ彼らは、病院における看護婦の待遇も何とか改善したかった。低い階級の出身、もともと貧しく教育は受けていない、看護の訓練も受けていない、人々の信頼がない、働く病院も人々に信頼されていないという状況のなかで、看護婦がひどい低賃金、みじめな宿舎生活を余儀なくされている状態に変化を起こさなければならなかった。

病院のことなど関心のない友人や知人は、ごく単純に、フロレンスはもっと大きな仕事をすべきだ、家庭教師のための療養所では彼女の腕が泣く、と言うようになっていた。フロレンスがハーレー街に行って一年とたたない頃の話である。彼女自身にも物足りない気持ちがなかったとはいえない。もっと根源的な仕事をしたいというようなことを語っている。

ハーレー街で一年が経過した一八五四年の夏、ロンドンにコレラが大流行した。フロレンスは、患者多発地域の大病院ミドルセックス病院へ志願して奉仕に出向き、看護活動を監督した。自分の療養所に差し支えのない週末、不眠不休で自ら手を下してケアしながらの監督だった。困難が予想される大仕事に志願して徹底的に奉仕する、彼女はいつのまにかここまで積極的になっていた。病院看護にすっかりのめり込んでいたのである。

一方、母と姉のフロレンスに対する不満はなくなっていたかというと、やはり続いていた。パースはメイ叔母に、フロレンスはなぜ教育のようなもっと品のよい仕事をしないのかと、嘆きの手紙を書いた。フロレンスの理解者のメイ叔母を味方につけようという魂胆からだろう。これに対するメイ叔母の返事が、三十四歳（一八五四年夏）のフロレンス＝ナイチンゲールの実像を伝えてくれる。

「愛するパース、……私も彼女の進む道は教育であってほしいと言ったことがありますが、彼女は子供たちの教育にはあまり興味を感じないと言いました。彼女がハーレー街で文句なしの成功を収めたことに疑いの余地はありません。……ですから私たちはこの燃え上がっている人に、あくまでその道を進ませてあげなければならないと思うのです。その行く手を阻むことは、もはや私たちには及ばぬことだと思うのです。」

バイロン卿の娘でやはり詩人のレディ＝ラヴレーヌが一八五二年に、つまりフロレンスがハーレー街に赴く前の年に、彼女を称えて次のように預言している事実には驚かされる。

いつの日か、どこか遠い国で

戦いの明け暮れが犠牲の血を求めるとき
疫病がはびこって、剣より、大砲よりも激しく人を傷つけ、あやめるとき、
この詩を読む者は、
彼女が不滅の名声へと歩み進めるのを見るだろう。

# V　その時

「人の心には多くの計画がある。しかし主のはかりごとだけが成る。」（「箴言」一九・二一）

# 一　クリミア行き

## クリミア戦争記念碑

トラファルガー広場からロウアー＝リージェント通りを下った突き当たり、ウォータールー＝プレイスと呼ばれるそこにクリミア戦争記念碑がある。太い火筒を何本か組んだ上に勝利の女神が高く立つその記念碑は、台のぐるりに刻まれた光景からもわかるのだが、フロレンス＝ナイチンゲールの〝戦功〟を称える記念碑にほかならず、前方両側には、彼女とシドニー＝ハーバートの彫像が並ぶ。クリミア戦争時の戦時相、つまり陸軍の財政運営の責任者だったシドニー＝ハーバートがうつむきかげんなのが何やらおかしい。

しかし彼は、英国陸軍病院の惨状を生み出した責任者としてではなく、ナイチンゲールとともに、その惨状から英国を救い出した功績者としてそこに立っているのである。

フロレンス＝ナイチンゲールは、英国では軍関係者である。セントポール寺院のクリプトでも、ウエリントン将軍とネルソン提督の柩の間に、彼女のレリーフが置かれている。

ウォータールー・プレイスのクリミア戦争記念碑

ナイチンゲールの名には必ずクリミア戦争がついてまわるし、逆もまたそうである。

たしかに、クリミア戦争は彼女のために用意された舞台だった。彼女はその舞台で成功した。ひととおりではないその成功は、長い長い準備の時間と並々ならない努力があってのことだった。とはいえ、彼女のそれまでのすべてがこの舞台のためにあったのだという印象の強さ、舞台が彼女を待っていたかのようなドラマチックな時の一致には感嘆させられる。

## クリミア戦争

世界的に領土拡大競争が続くなか、ロシアは温暖な南方領土を広げるべく、黒海を渡ってトルコに侵入した。英国は、自国の植民地インドにつながる道をロシアに断たれることにがまんならず、トルコに味方した。

ナポレオン三世が率いていたフランスと、イタリア北西部の王国サルディニアも、それぞれの政治的思惑からトルコにくみし、トルコ、英国、フランス、サルディニアの連合軍が主にクリミア半島を戦場にしてロシ

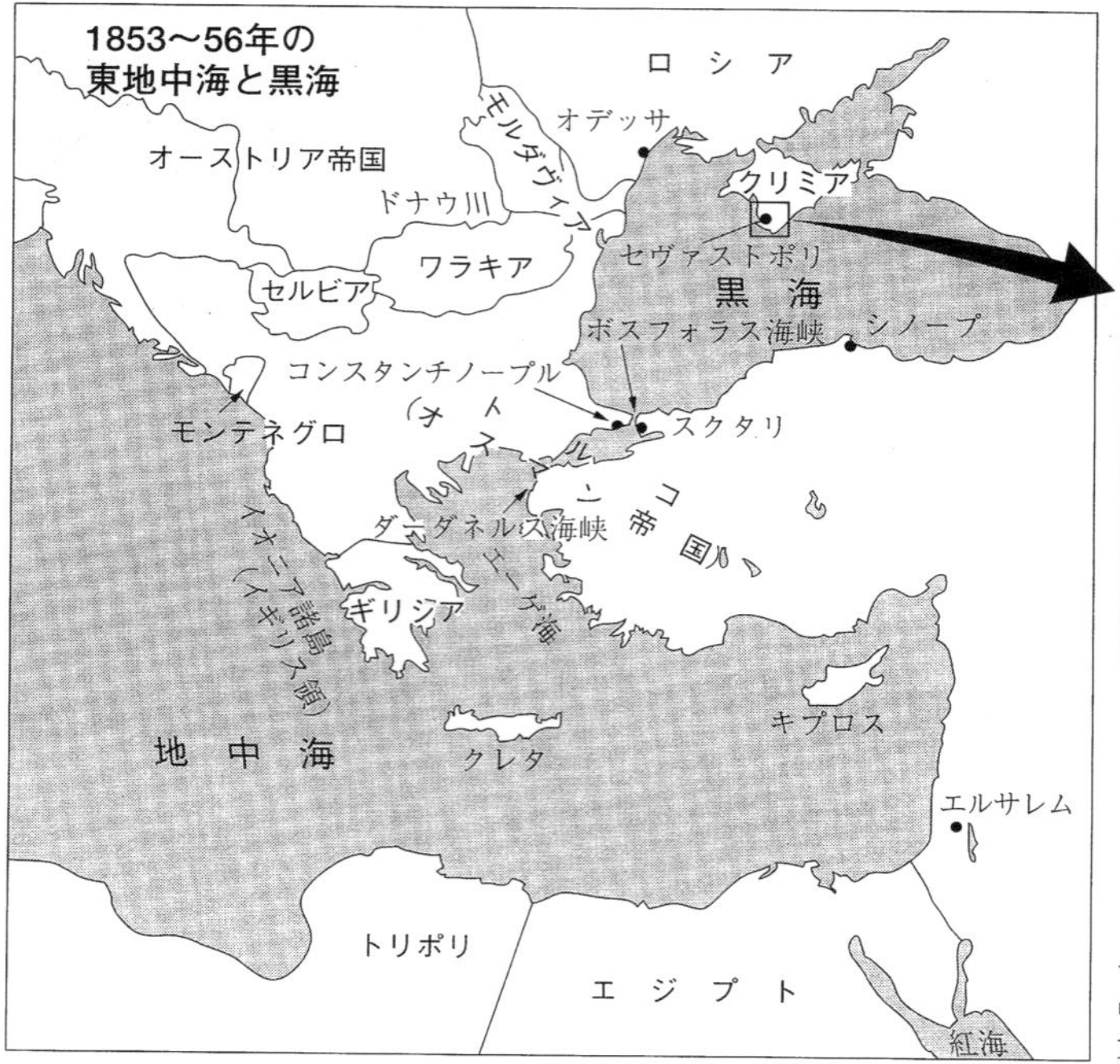


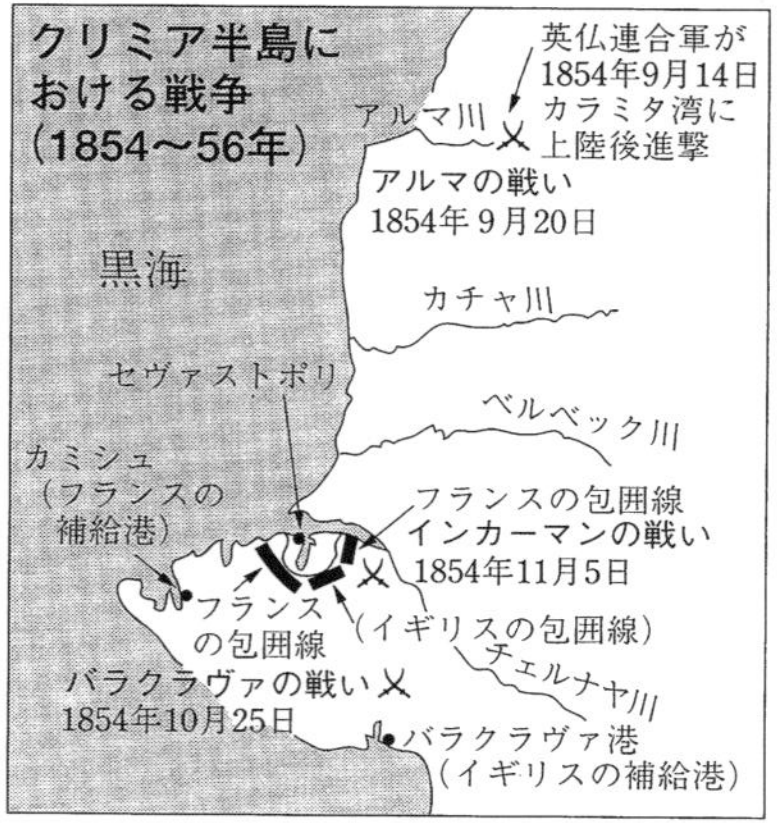


**クリミア戦争関連地図**

マルカム・フォーカス／ジョン・ギリンガム，中村英勝他訳『イギリス歴史地図』東京書籍 1983による

ボスフォラス海峡アジア側に建つかつての兵舎病院

ア と戦った、というのがクリミア戦争の概略である。

**開戦**

英国とフランスがロシアに宣戦したのは一八五四年三月だった。クリミア戦争のはじまりである。英国政府はこの戦争の行く末を楽観視していたという。ウエリントン将軍が、ベルギーのウォータールーでナポレオン一世を相手に歴史的な勝ち戦さをした余韻もあって、英国陸軍の力、あるいは整備の状態を改めて見極めることなく、このたびの戦争に出兵した。しかし、弱点がすぐさま暴露されることになった。

英国は、マルマラ海と黒海をつなぐボスフォラス海峡をはさんで、コンスタンチノープル（現在のイスタンブール）に向き合うスクタリ（現在のウシュキュダル）に陸軍基地を設置した。スクタリにあったトルコ軍の兵舎と、病院をいくつも借り受けたのである。その一つ、フロレンス＝ナイチンゲールの名と結びついてクリミア戦争の象徴となった巨大な方形兵舎は、トルコの第二陸軍本部として今日も海峡にそびえ立っている。

トルコにくみする連合軍の当面の目標は、クリミア半島南端に近い西側のセヴァストポリのロシア軍基地を破壊することだった。彼らはセヴァストポリの北、アルマ川の流域で最初の戦闘を行い、辛くも勝ったが、おびただしい負傷者を出したうえ千人余の兵士が流行していたコレラに罹り、コレラはなおも広がる勢いをみせていた。

### スクタリの惨状

この事態に対し、英国軍は備えのない軍隊のもろさを暴露するばかりだった。医療用の物資、寝具、傷病兵を運ぶ手だてがなかった。一般の兵士たちの食料も不足していた。バケツもなければコップもないので彼らは水も満足に飲めない状態だった。コレラは激しい下痢を伴うので、水が十分に使えず衣服や寝具の換えがないとなると、そこここをまたたく間に不潔が支配した。

この傷病兵たちは、半島からスクタリの病院へと黒海を渡って移送されたのだが、船の上の状況はいっそうひどく、着いた先の病院がまた、まったく何もなく、さながら大きな廃屋だった。陸軍当局の楽観的な見込みで用意された医療用物資は早期に使い尽くされ、運ばれてくる兵士たちは血糊や汚物にまみれたままほとんど裸の状態で、次々と床に並べられた。軍医たちは予想外の事態に立ちつくし、病院全体を、むごたらしさと痛ましさがおおった。

### 従軍記者ラッセルの報告

アルマ川の戦闘は九月の半ばだったが、傷病兵たちのこのような状況が英国民に伝えられたのは、一カ月後のことである。すべては、歴史上最初の従軍記者、「タイムズ」紙のウィリアム＝H＝ラッセルの送った記事から始まった。現在、未だ絶えることなく勃発する地域紛争の様子が即時に映像で報道され、人々を刺激するが、その起源はクリミア戦争である。

数日遅れの、しかも活字によってとはいえ、記者が現場にいて戦況その他を銃後の人々に伝える方法は、当時では十分に刺激的だった。ラッセル記者が書き送った内容が、単なる戦況ではなく傷病兵たちの置かれた状態の暴露と、それに対する彼の義憤だったから、これには英国民の誰もが関心を寄せ、彼の義憤が彼らの義憤となるのに時間はかからなかった。

英国民は自国の軍隊に全幅の信頼を寄せていたことに加え、クリミア戦争には多くの国民が身辺から志願兵を送り出していたので、十月九日、十二日、十三日と、三回にわたるラッセル記者の報告に震撼した。クリミア半島でもスクタリの病院でも、英国軍の負傷者、手足の切断術を受けた者、多数のコレラや熱病の重症者が、看取り手がなく、不潔な病舎で苦しんでいるという彼のメッセージは明快だった。

フランス軍にはシスター－オブ－チャリティのシスターたちがいて、傷病兵を看護していると彼が追って書いたことは、英国民の感情をさらに波立たせることになった。

## ハーバートの決断

フロレンス二十七歳のローマの冬、シドニー＝ハーバートは彼女をいわば思想的な同志として見いだし、以後彼女の実践家として立つ時のための準備を支持して励まし、カイゼルスヴェルトに訪ねることまでして、彼女を見守ってきた。夫人のエリザベスは、ハーレー街のフロレンスの近くにいて、フロレンスの実力をつぶさに見ていた。シドニー＝ハーバート戦時相が、この時フロレンス＝ナイチンゲールの名を呼んだのは、しごく当然のことだった。

公的な立場で看護婦を集め、彼らを指揮してスクタリへ行ってほしい、これは英国政府の仕事であると、彼は彼女に手紙を出した。十月十五日のことである。

自費で看護婦を連れてスクタリへ行こうと考えて政府や軍の関係者に申し出た人たちがいたが、それらの申し出を前にしてシドニー＝ハーバートは決断したのである。

スタクリへ看護婦を連れて自ら赴こうとしている人たちの心情は立派でありたいへんありがたいが、彼らが同行する看護婦を見つけたり、ましてや自ら看護したりすることができるとは思えない。その人たちの支援は受けるにしても、現地へ赴くのは看護を知っている人、看護のできる人、看護婦たちの指揮をとることのできる人でなければならない。フロレンス＝ナイチンゲール以外にそのような人物はいない。

十月十五日付のフロレンス宛ての手紙は、この決断の結果だった。

フロレンスもただちに立ち上がった。「タイムズ」の記事に彼女がどれほど強く感じ入ったか、想像に難くない。その時がきたと思ったことだろう。彼女には救援を志願できるだけの備えがあった。義務感もあった。彼女は自費で看護婦を連れてスクタリへ行こうと決めた。彼女はパーマストン卿など力のある人たちに自分の計画を打ち明け、賛同を得た。そのうえで、シドニー＝ハーバートの意向を確かめたのである。政府はこの計画をどう受け取るだろうか、ハーバートは支援してくれるだろうか、推薦状を書いてくれるだろうかと、ハーバート夫人を経由してたずねた。

## フロレンスの志願

ハーバート夫人に宛てて手紙を書いたのは、ハーレー街の療養所の運営委員である彼女に、その委員会がフロレンスの志願出征を支持してくれるように取り計らってほしかったからでもあった。事実、フロレンスは、療養所をあげての送り出しを受けてクリミア行きを果たしたのだが、彼女は自分の持ち場の仕事を何一つおろそかにせず、急ぐふうもみせず、数日の間にこまごまとすべてを始末して旅立つのである。

フロレンスの手紙の日付は十月十四日で、先のシドニー＝ハーバートの手紙とは行き違いになった。彼女は手紙にも〝私的な企画〟と書き、その志願を篤志の行動と考えていた。

しかしハーバートは、その仕事を公務として受けてほしいと彼女に依頼してきた。彼女が申し出たことは、彼女の予想を越えたかたちで認可されたのである。政府を代表してハーバートがフロレンスに提示した条件は、次のようであった。

＊フロレンスが、すべての看護婦に対して全権をもつ。
＊フロレンスには、必要と思われる物品を政府に請求する権限がある。
＊フロレンスは、軍医たちの全面的な協力を確保できる。

## ハーバートの手紙

ハーバートがフロレンスに〝その時〟送った手紙が高く評価されて後世に伝わった真の理由は、彼がこの戦時の混乱を、フロレンス＝ナイチンゲールすなわち〝看護〟に解決させることによって、看護ならびに看護婦の価値を、広く世間に認識させようと目論んでいたことがわかるからである。

彼は、ラッセル記者が「タイムズ」に書いたような事態から英国軍の兵士たちを救い出せるのは、訓練を受けた看護婦であること、これまで英国は軍隊に看護婦を入れたことはなかったが、このたびは入れなければならないこと、そう簡単に看護婦は集まらないだろうし、集まったとしても彼女たちを率いる看護婦がいなければ看護として機能しないであろうこと、それができる人物は英国中にただ一人しかいないことを手紙の中で述べ、次のように先見した。

「この企画が成功すれば、あらゆるよきものを与えられるに値する人々のために、私たちの手でただちに尽くすことができるのです。そのうえ、偏見が打破され、よき先例が打ち立てられ、その結実は時とともに倍加していくことでしょう。」

シドニー＝ハーバートがフロレンスの真の同志であったことがよくわかる。おもしろいことに〝偏見が打破され〟は、少なくとも見かけ上は、彼女の身辺ですぐ実現した。

十月十九日、フロレンスが正式に「トルコ領における英国陸軍病院の女性看護要員の総監督」に任命され、前代未聞のこの〝人事〟が大評判になると、母ファニイと姉パースは飛び上がって喜んだ。

二人にとってフロレンスは、誇らしき娘、誇らしき妹になったのである。

パースは、妹が政府から〝歎願〟されて、〝偉大で高潔な〟仕事（看護）をしにスクタリの病院へ行くと、友人に手紙を書いた。ハーバートは先のフロレンス宛ての手紙で、両親の許可が得られるだろうかと心配していたのだが、それは杞憂に終わった。

出発は十月二十一日と決まった。「タイムズ」にクリミアのニュースが掲載されて、二週間もしないうちである。

## 看護婦の選考

あわただしく看護婦が選考された。ハーバート夫妻のロンドンの住居にクリミア派遣看護婦団の本部が置かれ、後のウェストミンスター寺院枢機卿の妹で、やはり看護に関心があったことからローマの冬にフロレンスの友人になったメアリー＝スタンリー、ハーレー街の仕事をフロレンスに紹介した、キャニング伯爵夫人、ブレースブリッジ夫人たちが応募者の面接を行った。

選考に当たって最も重要な条件は、宗教的に傾よらないことだった。これはハーバートの要請でもあったが、フロレンスの強い希望だった。彼女は、できるだけよい看護婦を採用するには、宗教は問題にすべきではないと考えていただけでなく、様々な宗派の人がいるほうがむしろよいと思っていた。

自分や世の中のことについて思索する人になった十代以来、彼女は宗派間の確執にはうんざりしていた。ハーレー街一番地の療養所でも、宗派によっては入院を許さないというような論議がなされ、彼女は不快であった。

そのほかには、あまり若い女性は好ましくないという条件のもと、比較的年輩のがっちりとした体格の看護婦三十八人が選ばれた。このうち宗教団体のメンバーは二十四人、職業看護婦が十四人だった。

宗教団体は当初、それぞれの宗派の上長の指揮のもとにシスター看護婦をおくことを主張したが、ハーバートをはじめ有力者たちが道理を説いてまわった結果、全員がフロレンス＝ナイチンゲールの統率に従うことを了承した。看護婦に関しては、フロレンスが絶対の権限を持つことが確認されたのである。

**出発の準備**　フロレンスは、ハーレー街一番地以来の自分の家政婦クラーク夫人を、個人的に連れていくことにした。またハーバートは、ブレースブリッジ夫妻がフロレンスに同行することを決めた。

ブレースブリッジ氏は一行の会計を引き受けたので、まったく個人的にフロレンスのお供をしたわけではない。

会計といえば、フロレンスは政府から出発の費用として一〇〇〇ポンドを支給された。政府は看護婦の食費と宿泊費および制服を負担したほか、看護婦各人に、ロンドンの病院の相場の二倍近い週給を支払うことにし、一年後の昇給も約束した。

そのほかに、タイムズ基金というものがあった。ラッセル記者の記事の直後、ある准男爵が設立した物資支援のためのタイムズ基金に、すでに相当の支援金が寄せられており、フロレンスに近い政治記者が、現地に赴くことになった基金の管理者に彼女への協力を依頼したので、彼女はこれを使うこともできた。

また、出発時からこの戦争の間中、フロレンス宛ての個人的寄付金がかなりあったようである。さらに、父親がくれる年五〇〇ポンドをそっくりこの仕事のために使うことにした。

## ロンドンを出発

一八五四年十月二十一日、予定どおりフロレンスの一行はスクタリに向けてロンドンを出発した。

出発までの数日間に、フロレンス＝ナイチンゲールは国民の英雄となり、同盟国フランスの地にもその名は広まった。英国民の義憤を代表して東方の戦場へ行くのが若く美しいレディであり、その彼女には傷病兵を苦しみから救い出す〝実力〟があるということが、フロレンスの人気に拍車をかけた。

しかしフロレンスは終始冷静だった。多くの人たちとの煩雑な面会などを穏やかにこなし、周囲の人には気づかいや礼儀を尽くし、ロンドン橋のたもとで乗船してからも、興奮している気配はまったくなかった。

ただ、三通の手紙を握りしめるようにして持参したことが、心の底の感慨を垣間みせていたかもしれない。

一通は母ファニイの、おそらくフロレンスが思いもよらなかった優しい励ましである。

「……これまでもあなたの力が尽きるかと見えた時、お友だちはいつもあなたを助けてくださいましたね。必要な時には、きっとますます多くの恵みが加えられることでしょう。」

次の一通は、彼女が悩んだあげくに求婚をしりぞけた、リチャード＝モンクトン＝ミルンズからの愛情溢れる率直な手紙である。

「あなたが彼の地ですばらしい仕事をなさることを確信しておりますし、あなた御自身も満足しておいででしょうから、もとより私も心から嬉しく思っております。」

最後の一通は、彼女にカトリックの世界を案内したマニング卿の祈りである。

「あなたが崇めるもの、あなたが模倣しようとするもの、あなたにとっての慰めと力の源が常に、私たちの主キリストの聖らかな御心であるように祈っています。」

気持ちの高ぶりを見せたのは、ナイチンゲール一家は揃って彼女を見送るためにあわただしくエンブリイ荘を出発したのだが、その準備の渦中で、あのふくろうのアテネのことが忘れられ、餌を与えられずに死んでしまったことを知った時である。

彼女は泣いた。ギリシアで三十歳の誕生日を迎えた頃の、八方ふさがりだった苦しみを一気に思い出したのではないだろうか。

## スクタリへの途次

グレイの服に白い〝たすき〟、〝たすき〟には赤で〝スクタリ病院〟と縫い取りがあった。大々的な報道もあって彼女たち一行の目立ちようはひととおりでなく、フランスの上陸地ブローニュで、列車を乗り継いで着いたパリで、いよいよ東方に向けて航海を始めたマルセイユで、一行は人垣に囲まれ、歓呼を浴びたのである。

目的地に到着するまで、フロレンスは、事務的な仕事や要人たちとの面会で多忙だったが、彼女は看護婦たちの面倒をよくみた。病院から参加した看護婦たちは、レディを名乗る宗教関係の看護婦や一行のレディたちからそれとなく差別されていた。例えば、同じ食卓につくのを避けられたりしていた彼らと、フロレンスは進んで一緒に食事をした。ごく自然に階級の壁を越えることができたフロレンスの姿が目に浮かぶ。

マルセイユで彼女は、物資の調達をした。

ロンドンを発つ前にわざわざ会いに行った陸軍医務局長官アンドリュー＝スミス博士もシドニー

＝ハーバートも、物資は十分現地に到着しており、「タイムズ」が報道した状況は改善されていると請け合い、スクタリに着けば兵站部《へいたん》から自由に物資を引き出して使うことができると言ったが、彼女はそうした言葉をそのまま受け入れることができず、裁量できる手持ちの金銭を使い、必要と思われる物資（くず粉、ぶどう酒、その他の食料、調理用のコンロなど）を購入した。もちろんこれが正解だったのである。

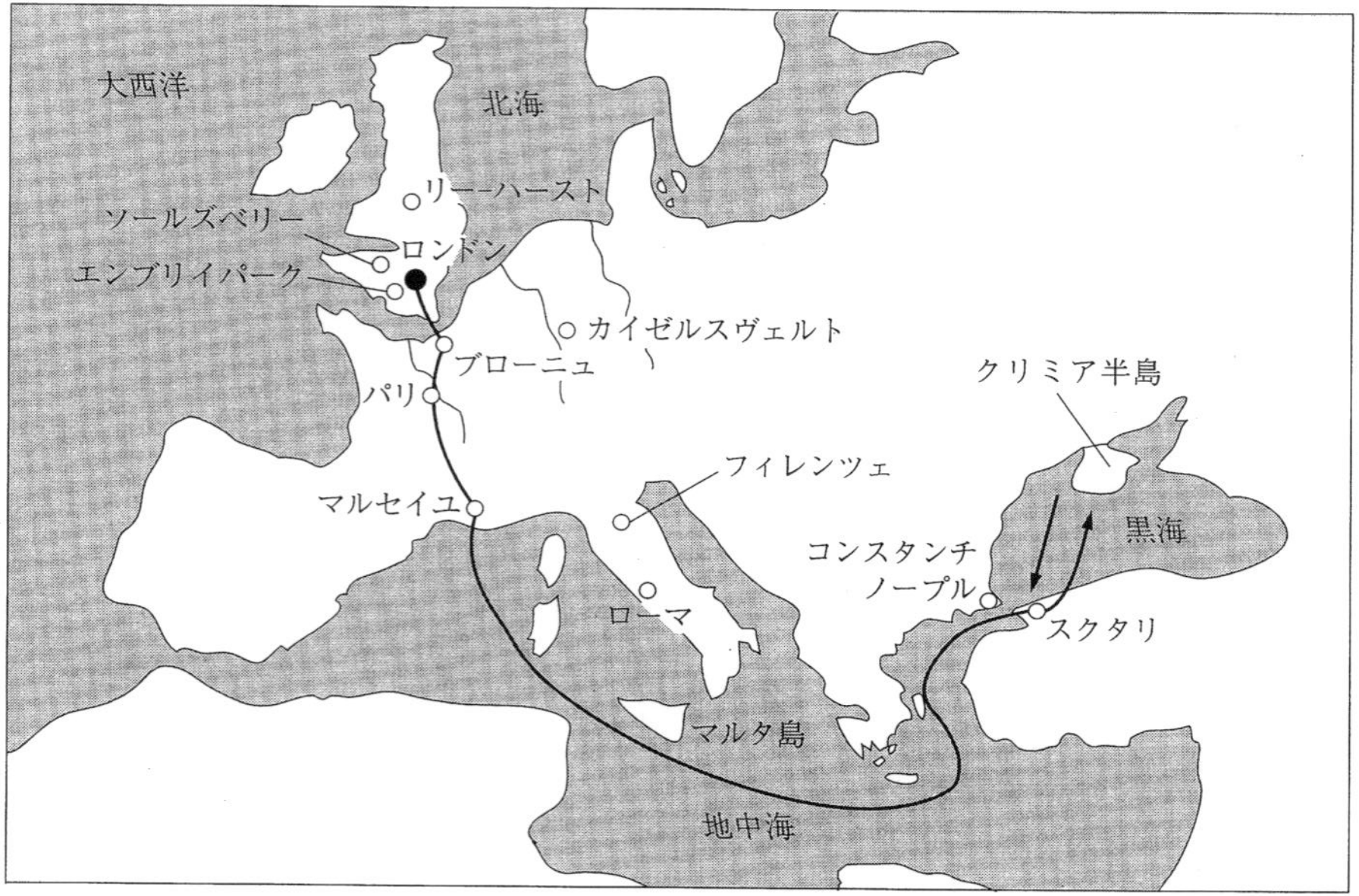
大西洋
北海
リーハースト
ソールズベリー
ロンドン
エンブリイパーク
カイゼルスヴェルト
ブローニュ
パリ
クリミア半島
フィレンツェ
マルセイユ
黒海
コンスタンチノープル
スクタリ
ローマ
マルタ島
地中海

スクタリへの道筋

# 二　ストラテジック-リーダー

## スクタリに到着

十月二十七日にマルセイユを出港した。悪天候に見舞われた不快な船旅を続け、マルタ島を経て十一月四日の朝コンスタンチノープルに到着した。フロレンスは船酔いが激しく、やつれきっていた。しかし、対岸の丘に異様な大きさで横たわる兵舎病院を見て一人の看護婦が、「ナイチンゲールさま、上陸しましたら一刻も早く気の毒な方々の看護をさせてください」というと、「元気な人はまず洗濯だらいに向かってもらいます」と彼女はきっぱり言い返した。

スクタリの英国陸軍は、トルコ軍の病院を借用した通称大病院と、その近くの、四隅に塔を持つトルコ軍兵舎を病院にした通称兵舎病院を主に使用していた。

一行が迎え入れられたのは兵舎病院のほうだった。塔の一つは彼女たちが居住することになったため、後に看護婦塔として知られるようになる。上陸してから兵舎病院入口まではぬかるみの急坂で、戦場のあるクリミア半島から黒海上を運ばれてくる病気や怪我の兵士たちは、抱きかかえられたりスノーボートのようなものに横たわって引かれ、この坂を登らなければならない。その難儀な様子を従軍画家は描いた。

〝スクタリの惨状〟と報道されたが、この兵舎病院が最もひどかった。水不足、排水の悪さ、清掃や片づけをする人手不足のために不衛生を極めていた。また、食料不足と調理人不在のために、収容された兵士たちは食べるものに事欠き、換気の悪い部屋に寝かされ、コレラやチフスが蔓延していた。軽症で入院しても、このような状態のために疫病にかかって死亡する者が続出するのであった。

## 兵舎病院の惨状

しかも、ナイチンゲールの一行が着任した時は、半島における戦闘はこれからという段階、やがておびただしい傷病兵が送り込まれてくることが予想された。冬も急速に深まりつつあり、事態がより悪化することは目に見えていた。

物資調達のルートが機能していなかった。不衛生に対しては何の対策も講じられていなかった。要するに、病院は管理されていなかった。その元凶は、軍医を含め現地の英国陸軍の上層部が兵士たちに無関心なことだった。病人や怪我人がどんな状況に置かれようと、軍の上層部にとっては預り知らぬことで、すべてが放置されていたのである。

コンスタンチノープルで優雅に暮らす英国大使は、目と鼻の先の兵舎病院で起こっている現実に、気持ちを向けることなく、フロレンス＝ナイチンゲールが到着しても、ただ社交的に出迎えたのである。

### 冷ややかな医師たち

病院の医師たちはフロレンスの一行を歓迎しなかった。冷ややかな態度で出迎え、無視した。彼らには、女に何ができるという気持ちがあり、フロレンスの背後に政府の高官や民間の大物がひしめいているので、表面上をしかたなく取り繕っただけである。

ハーバートはフロレンスに、物資は十分に到着しているはずだし、医師たちの全面的な協力と援助が得られると言ったのだったが、本当ではなかった。

医師たちは看護婦に役立ってもらおうとは思わず、また一行が持ち込んだ物資を使おうともしなかったが、これに対してフロレンスは、彼らが要請するまではいっさい手出しをしないように看護婦たちに申し渡した。

そうすることによって、自分たち看護団は決して勝手な行動をとらず、秩序を乱さず、あくまでも医師のもとで働くつもりであることを示そうとしたのである。この任務の行く末を思えば、看護団は医師たちおよび病院全体、さらには英国陸軍に信頼されなければならなかった。単発的に成功を収めても意味がなく、全面的な成功でなければならなかった。

目の前に苦しむ病人がいるのに何も手を施さないのは、看護婦たちにとっていらだたしいことだった。悪いことをしているような気持ちにさえなった。物資があるのに提供しないのもひどいではないかと思った。彼らには、指揮官ナイチンゲールの大局的な見方が理解できなかったのである。

## 不満が募る看護婦たち

看護婦たちは不満を募らせていき、フロレンスを非難する声も上がりはじめた。そうでなくても彼らには不満の種がたくさんあった。

〝看護婦塔〟は、塔にしては中が広いとはいえ、一行の宿舎とするには狭すぎた。それまでは三人の軍医とその従僕が住んでいたスペースに四十人もが暮らすはめになり、看護婦たちは一室に十人を越す雑居生活を強いられた。フロレンスもブレースブリッジ夫人と一緒に物置小屋だった小部屋に荷を解いていたが、それでも彼らの不満が溢れた。部屋はすべて汚なく、家具らしい家具もなく、掃除をしようにも、水もバケツもなかった。

食料は乏しく、料理番を務めることになったクラーク夫人は腕のふるいようがなかった。ねずみ、しらみ、南京虫が走り回り、ロウソク不足で夜は暗黒だった。

このような暮らしが、どれほど看護婦たちの意気込みに水を差したかは想像に難くないが、それでも、自分たちと同じ悪環境におかれ、十分な治療が受けられず、看取り手もなく苦しむ兵士に手を貸しているのであれば、少しは平静でいられただろう。しかし、何もせずに、せいぜいシーツなどの繕ろいをするくらいで待機しろとは、彼らの理解と忍耐力を越えるフロレンスの指示だったのである。

**忍耐**

フロレンスには待つことのできる強さがあった。看護婦の一行が到着する直前に行われたバラクラヴァの戦闘の傷病兵が、十一月六日、つまり待機がはじまって二、三日後に続々と送り込まれてきても、彼女は待機の姿勢を崩さなかった。傷病兵の傷ましい様子が目を覆うような状態でも、医師に指示されない限り、看護婦は動かなかった。彼女自身、その姿勢をかたくなに守った。

ただ、すべて雑役兵まかせで放置されていた食事に関してだけは、フロレンスはすぐに手をつけた。雑役兵の乱暴な食事づくりはとても料理といえるものではなく、そもそも料理する設備が大きな釜だけで、毎日それに湯を沸かして肉のかたまりをゆでるというのでは、弱っている病人の食べられるものができるわけはなかった。枕もとに肉のかたまりを載せた皿を置いて、患者は飢えていた。

五年後、フロレンスは『看護覚え書き』に記す。

「病人を注意深く観察する人なら誰でもこの見方に同意してくれるだろうが、食物がたくさんあるのに、患者がそれを食べられるようにする心遣いがなされていないために、彼らはそれを口にすることができず、毎年、何千という患者が飢えて衰弱している……」

## 重症者のための特別食

彼女は、看護婦塔の調理場を使い、マルセイユで購入してきたくず粉やぶどう酒と、これも先見の明ゆえにマルセイユで求めた携帯用のコンロで、まずは重症者のための特別食づくりをはじめた。医師の許可を得て、息絶え絶えにバラクラヴァからたどり着いた重症者にそれを与えた。

看護婦たちは張り切って〝患者の食べられる食事〟づくりに励んだが、医師の指示がない患者に与えることはフロレンスが許さず、彼らはまたもや彼女を非難した。病院当局にも、フロレンスが勝手なことをしているという声があった。しかし、彼女のいわば私的なサービスのおかげで、少なくとも一部の患者は飢えから逃れられたのである。これは、シドニー＝ハーバートのいった〝計画の成功〟の第一歩だったといえるだろう。

## 傷病者が続出

バラクラヴァからの傷病兵がスクタリへなだれのごとく運び込まれていた時、次のインカーマンの戦闘が行われ、英国軍は戦いには勝ったが兵士たちは疲弊しきった。十一月初旬のクリミア半島は、すっかり冬である。寒さ、食料不足、衣類不足は兵士たちを

バラクラヴァでボートに運び込まれる傷病兵／フロレンス＝ナイチンゲール博物館

さらに衰弱させた。

第一陣、第二陣、第三陣と、冷たい黒海の風にさらされながら送られてきた兵士たちは、衰え果て、不潔きわまりなかった。迎える兵舎病院にはベッドもなく、傷病者は床に寝かされる始末だった。こうした状況で彼らの症状は一段と悪化、熱病や丹毒や壊疽《えそ》が広がり、多くの者が死に至った。二千人を越える傷病者が、いくら大きいとはいえ、もともと病院ではない建物に詰め込まれたのである。

「タイムズ」が報道した以上の惨状が病院を覆ったのは、この時点からだった。クリミア戦争参戦の英国陸軍が、おびただしい数の傷病兵を抱えてなすすべを知らない事態に陥った。その最たる事態が、いまスクタリの兵舎病院に生じたのである。

## 待機指令の解除

ついに医師たちが、フロレンスに看護婦を出動させるよう要請してきた。

とりあえず看護婦たちは、ベッドの代用品づくりにとりかかった。ありあわせの布でつくった袋にワラを詰めた。延べ六キロに渡って並んでいた

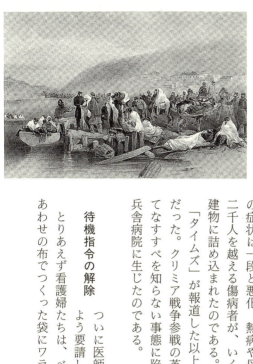

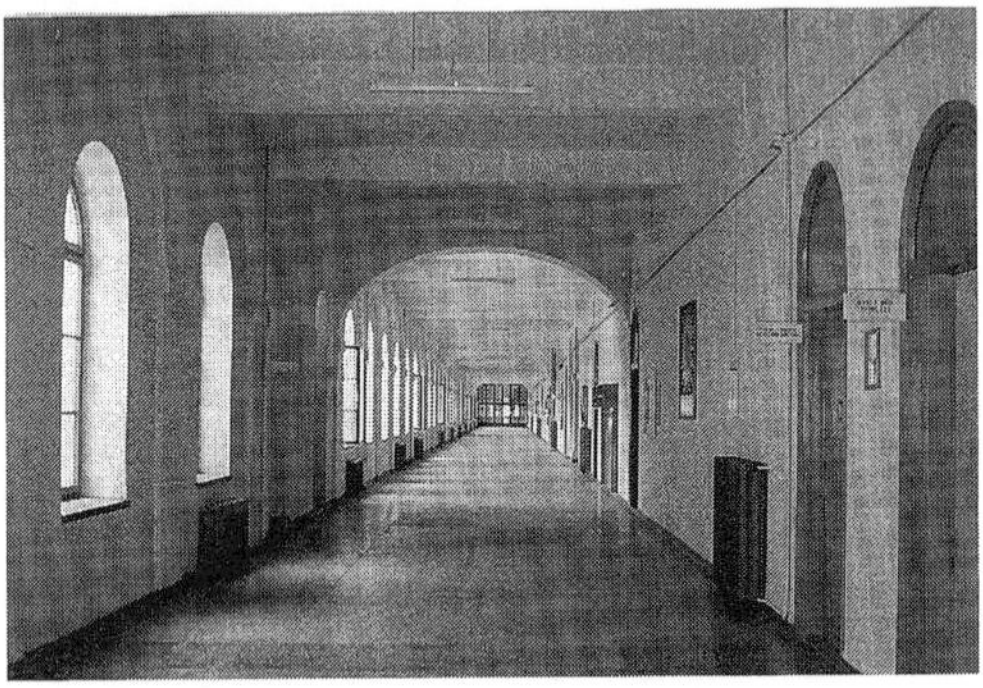
この廊下にワラのベッドが並べられた／写真は1991年

というベッドに加えて、このワラぶとんが廊下に並べられ、建物中が患者で溢れかえった。
　便所は詰まったままで汚物が床に流れ出していた。掃除や洗濯もいっさい行われておらず、いたるところにシラミがうごめいていた。
　こうした環境下で、手術台もなしに四肢の切断などが行われた。医師たちは状況を把握する余裕もなく、目の前の患者を次から次へと診察しなければならず文字どおり不眠不休の状態だった。しかし、このような対処のしかたでは、兵舎病院の混乱や無秩序は増幅するばかりであった。

## 兵舎病院の立て直しに着手

　兵舎病院の組織的壊滅状態は、国務大臣が派遣した病院調査委員会が確認した。本国政府もシドニー＝ハーバートもそれを認めた。ところが、医師の長も軍の病院担当長も、現場で指揮をとる能力がなかったのである。

　どうしたらよいかを理解していたのは、フロレンス＝ナイチンゲールただ一人だったといってよいだろう。彼女だけが、事態を救うための知識、方策、それと自由に使うことのできる資金を持っていた。

スクタリの兵舎病院入口で負傷兵を迎え入れるフロレンス＝ナイチンゲール／ロンドン、ナショナル－ポートレート－ギャラリー

彼女はいわばディーラーになった。物資が整えば、おのずからある段階まで事態は回復する。

「私はまるでよろず屋のようです。当店では、靴下や下着の類からナイフやフォーク、スプーン、ブリキの浴槽、テーブルや長椅子、キャベツににんじん、手術台、タオルや石鹼、歯ぶらし、ノミとり粉、はさみ、便器や木枕まで扱っております。」

年が明けた一月四日、フロレンスはシドニー＝ハーバートにこう書いた。

物品を整えるということは掃除や洗濯の開始でもあった。彼女はタイムズ基金でボイラーを買い、兵士の妻たちに賃金を支払って洗濯をさせた。クリミア戦争ではまだ、兵士の妻や民間人が軍隊に同行して兵士の世話をしたり、商売をしたり、あるいは戦闘の様子を見物したりしていたのである。兵士に妻がついてくれば子供が生まれ、兵舎病院の地下室にはその頃二百六十人以上の女性と子供が暮らしていたという。

フロレンスは、何か役に立ちたいといってやってきたある牧師夫人に、この集団の世話を頼んだ。半島のセヴァストポリ近くの前線には、まだまだ傷病兵が残っていた。大型の物資輸送船が嵐で沈んでしまったために、食べるものもなく、着るものもなく、寒さに追い討ちをかけられた彼らもスクタリへ運ばなければならない。兵舎病院は、これ以上の患者を受け入れる体制がないという状況だったが、フロレンスが活動を開始すれば展開は変わってくる。

彼女は二百人の人夫を雇い、壊れて使えなかった場所を修復し、新たに五百人の傷病兵を迎え入れた。彼らは到着するとすぐ、清潔なベッドと温かい食物でもてなされたのである。

# 三　困難中の困難

## 苦労する看護婦問題

十二月十四日、スクタリに上陸して一カ月と十日が過ぎて、フロレンスはハーバートに、「病院は清潔になり、患者は洗濯した衣類を身につけ、十分に調理された特別食を食べている。看護婦は患者の包帯交換などの世話にあたり、兵士の妻や未亡人ももはや放置されていない」と成果を報告した。

しかし、彼女の苦労には変わりがなかった。むしろ苦労が増えていた。

フロレンスがクリミア従軍で最も難儀したのは、看護婦に関する問題だった。選んで連れて行った看護婦たちは、何人か素晴らしい人がいて彼女の片腕となってくれたが、ほとんどが相当の監視を要する人たちだった。

彼女は彼らが信用できなかった。規律というものの意味をわきまえず、最初の半月ほどの待機の約束を破ったり、兵士たちを思いやらない冷酷な人だとフロレンスを非難したりしたのである。医師や政府関係者、それに誰よりも患者の兵士たちが、あっというまにフロレンスの立場を尊重し、信頼を抱くようになったのに対して、看護婦たちは彼女の指揮下にすんなりと入らなかった。

それでも連れて行った看護婦グループは、いったん働きはじめるとフロレンスの戦略の先兵となって、兵舎病院における医療と患者の生活の改善を進めた。本国には彼らの活躍が伝えられ、彼女たちは名声を得た。

彼女が看護婦について真に苦しんだのは、事がなんとかうまく運び出した直後からだった。

### 新たな看護婦派遣

看護婦の選考に熱意をもって加わってくれた友人のメアリー＝スタンリーが、五十人近くの看護婦を連れて、第二陣としてスクタリにくるというのである。なんと、ハーバート夫人がこの一件を支持しており、しかもその看護婦たちはフロレンス＝ナイチンゲールの指揮下にではなく、医官長の指揮下に置かれるというのである。シドニー＝ハーバートがこのようなことを許可するはずはなかった。フロレンスが要請した時だけ、看護婦の派遣が許可されることを二人は確く約束していたのである。

彼女はすぐさまペンをとり、ハーバートに抗議した。せっかく状況は好転し、成功に向けて進んでいるというのに、これは何事か。実際、兵舎病院に現在以上看護婦を迎え入れることは宿泊施設の点からも不可能だし、医師の同意もないではないか。それと、メアリー＝スタンリーによるカトリック色の加味は、それでなくてもカトリックのシスター看護婦が多すぎるのではと言われているので問題がある、と詰め寄ったのである。

彼女は、辞任しなければならないと思うとまで書いたが、ハーバートに関しては、彼が軽率に過ぎたということがわかった。彼はやはり古い友人のメアリー＝スタンリーの熱心な志望を受け止めざるを得なく、彼女が実際はカトリックであることを知らなかった。ハーバート夫人はカトリックシンパであり、フロレンスの立場を深く考えずに応援に出たらしい。

## 英国国教会とカトリックの対立

この出来事の本質は、英国国教会とカトリックの対立であった。メアリー＝スタンリーの陰には、フロレンスがカトリックを学んで接近したときの師で、その後も彼女の友人だったマニングがいた。メアリーには、フロレンス＝ナイチンゲールと同様に自分も世のためを考えてきたという自負があり、フロレンスが得た名誉と名声に対する羨望に刺激されていた。

マニングは、カトリックのシスターたちが脚光を浴びることを望んでいたのである。英国においては、ヘンリー八世が訣別したローマ教会カトリックと、その時生まれた英国国教会、プロテスタントとの勢力争いが折々表面化する。

シドニー＝ハーバートは彼の不明と迂闊を詫び、フロレンスに依頼した任務の条件に変わりはないので、辞任を思いとどまるようにと返事をしたためた。ハーバート夫人も謝罪してきた。もとより彼女は、この時点で仕事を放り出すつもりはなかったが、結果として事態の収拾に多大なエネルギーを費やし、ようやく固まりつつあったスクタリのリーダーの足もとが揺さぶられ、以後、看護婦を中心にした病院人間関係に、苦労し続けたのである。

　メアリー＝スタンリーの一行は、到着するやいなや医官長に病院へ入ることを拒絶された。すぐにも送還されかねない気配があり、現地の軍司令官もとりなしてはくれなかった。

　送還ということにならなかったのは、宗教対立の問題を本国にまで広げてより大ごとにしないように、というフロレンスの配慮のためだった。カトリック側を刺激してはならないし、英国国教会側を増長させてもならなかった。

## 失敗に終わった第二次派遣

　実際には、メアリー＝スタンリーの一行は無力で、自滅したといってもよいだろう。メアリー＝スタンリー自身が、フロレンスが退けた〝レディ〟にすぎなかった。クリミア行きに際して、フロレンスのような〝ほんものの看護婦〟ではなかった。このレディには、ナイチンゲールのような待機の年月も、看護という仕事に対する信念や事に取り組む方法もなかった。いくら熱くても思いだけでは病人のためには働けないのである。

　彼女はレディとシスターを中心とした一団をつくり、その中の少数の病院看護婦をレディたちに仕えさせた。シスターはもちろんレディたちも手を下して看護することなく、患者への宗教的な支援をするという次第だった。

年が明ける頃には、第二陣のうち病院看護婦だった何人かは兵舎病院にとどまり、病院経験のないシスターは本国へ帰った。クリミア半島のバラクラヴァの陸軍病院にも、ナイチンゲールの指揮下にいなくてもよいのならと何人かが行き、残りはメアリー＝スタンリーが率いて、新しく改造された別の病院へ赴いた。しかし、そこでの看護活動は形だけのものでうまく機能しなかった。半島から傷病兵が次々と運び込まれたが、方針や規則の重要性をわきまえないメアリー＝スタンリーの手にはあまり、彼女はまもなく帰国することになった。

### くすぶり続ける宗教対立

それでもこの間、ところどころで宗教上のいざこざが起こった。シスターたちが患者その他に対し、カトリックへの改宗布教運動に励んだからである。同じカトリックの中でも宗派の違いをたてに従軍司祭のサービスを拒否したり、信者を取り合ったりした。プロテスタントの宗派間にも、相互の違いに過敏になって争いが生じるありさまだった。看護婦は看護婦としての有能さで選ばれるのであって、宗派によって選ばれてはいけないとするフロレンスとハーバートの申し合わせは危うくなった。

メアリー＝スタンリーが去ってからも、いったん生まれた宗教対立は、トルコにおける英国陸軍病院世界に根を下ろし、一掃されることはなかった。〝よきサマリア人〟派であったフロレンスの気持ちは、晴れようもなかった。

宗派争いだけではなく、シスター看護婦はおしなべて患者の身体よりは心のほうに関心を寄せ、病院看護婦のように身体上の世話をしなかった。ただし彼らは病院看護婦よりも数段行儀がよく、規則をよく守るのだった。

# 四　レディ‐ウィズ‐ア‐ランプ

## 管理と看護

メアリー＝スタンリーが騒ぎを巻き起こしている間にも、半島から次々と傷病兵がおくられてきた。物資は依然として届かず、下着もベッドもなく、食料も足らないといった状態が常に起こった。しかし、フロレンス＝ナイチンゲールが出て行けば、倉庫に山と積まれていたり、入港した船に積み放しになっていたりした物資が姿を現した。これは、監査役や調達官を相手に、彼女が執拗にそして筋の通った交渉をした結果なのである。彼女はシドニー＝ハーバートを通して本国政府にも強く働きかけた。

医師たちも役人たちもナイチンゲールを頼りに、一度に千二百名もの傷病兵が送られてくる日々を何とかこなしていた。コレラその他の伝染病が原因で、兵舎病院の死亡者数はなかなか減らなかった。傷を負って入院してきた者が、病院にきてから病気に伝染して亡くなることが多かった。おびただしい遺体を埋葬する場所がなくなり、ナイチンゲールはトルコ王に願い出て、トルコ軍の墓地を提供してもらうというような交渉も行った。

「今や看護は、私に求められている仕事の中で、ほんの一部を占めるにすぎません」と彼女がいったのは、このような事情からである。

実際は、昼夜を分かたず兵士たちの看護にあたっていたことは、当の兵士たちが一番よく知っていた。フロレンスの裏方を務めて全面的に彼女を支え続けたブレースブリッジ氏、小さな部屋で寝起きをともにしたブレースブリッジ夫人、シドニー＝ハーバートの友人で終始フロレンスに味方した従軍牧師のオズボーン氏なども、第一線で働く有能な看護婦ナイチンゲールの目撃者だった。

彼らによれば、彼女は食事を中断したり、時には抜いたりしてまで働いていた。半島からの船が着き、傷病兵が多数運び込まれた日などは、二十四時間靴を脱ぐことがなかった。

ロンドンからサウサンプトンへ向かう途中にある陸軍医学博物館には、彼女が仮眠をとった黒い皮製のハイバックチェアが保存され、見る者に往時を偲ばせる。

次々と包帯を巻いて八時間ひざまずき通したこともあった。特に、重症の患者には、彼女が必ず付き添い、最期は彼女がほとんど看取った。患者を一人では死なせないと心に決めていたのである。

夜間はランプを手に、患者一人一人に身をかがめながら長いベッドの列に沿って歩いた。ナイチンゲールの影が壁の上をすべっていく。大儀な身を起こしてその影にくちづけした兵士もいた。このエピソードに感激した米国の詩人ロングフェローは、彼女を称えた詩「サンタ＝フィロメナ」〔フィロメナはナイチンゲール〔サヨナキドリ〕〕を書いている。

スクタリの兵舎病院病棟のフロレンス＝ナイチンゲール／従軍画家による

見よや、かの悲歎《なげき》の家に
ランプ手に貴人《あてびと》行くを。
たそがれの薄明りさす
ここの部屋、またかしこの部屋と、
鳥のごと軽やかに行くよ。

幸福《さいわい》の夢かとばかり、
ものいはぬ傷手《いたで》の人は、
おもむろに身を起こしつつ
そとくちづけす、貴人《あてびと》の影
黒き壁の上に落ちるを。（湯槇ます訳）

レディ－ウィズ－ア－ランプの呼び名は、このようにして生まれた。

## ランプとともに

ウォータールー広場に立つナイチンゲール像をはじめ、ほとんどのナイチンゲール像は、皿型の油入れに口金

トルコランプ

をつけ芯を置いたランプを持っているが、彼女が夜ごとに携帯したのは、トルコランプあるいはランタンである。

ナイチンゲールのランプの灯火は、現在も看護学生がナース-キャップをはじめて頭に戴く日、戴帽式の日に、一人一人手にしたろうそくに移され、燃え続ける。

ナイチンゲールによる直接の看護は兵士たちの心を強く打った。彼女は兵士たちにとってはさながら天使だった。白衣の天使ではない。彼女のドレスはいつも黒だった。

長いベッドの列を訪ね終えても、まだ仕事は終わらなかった。デスクワークが残っていた。連日のように送り出されるハーバートへの報告や意見書や抗議書、クリミア戦争中彼女が一人で記していた様々な分析的記録などは、すべて夜中の看護婦塔で書かれたのである。いずれ〝クリミア報告書〟として知られるようになる内容は、彼女がスクタリに着いた日から確実に積み上げられていた。陸軍の衛生や病院の改善案も彼女のペンから生まれつつあった。なかでも彼女が早期から見越していたのは、病院統計あるいは医療統計の必要性だった。

病室も患者も見違えるように清潔になった。患者の兵士たちは彼女と看護婦たちを慕って気持ちが穏やかになり、医師も看護婦も役人たちもフロレンスを要にして、なんとか協力して働くようになったのが、一八五五年の一月から二月にかけてだった。

クリミアの状況は本国の議会で大問題になり、内閣が倒れ、シドニー＝ハーバートも大臣をおりたが、新首相はエンブリイ荘の隣人、パーマストン卿だったから、フロレンスの足場がぐらつくことはなかった。

## 衛生委員会の発足

〝クリミア戦争における兵士の不幸〟が倒した内閣は、兵舎病院の惨禍を一掃すべく調査委員会を発足させていた。名づけて衛生委員会である。

フロレンスは、この委員会こそが英国陸軍を救ったとしているが、公衆衛生学の専門家サザランド博士を中心にした衛生委員会は、三月の初旬に現地に着き、すぐさま兵舎病院の構造的欠陥を明らかにした。それはナイチンゲール一人が格闘してもどうにもならないような、建物の〝解剖〟だった。しかし、死亡率に代表される諸悪の原因を発見したのは衛生委員会だったが、原因の存在および原因と死亡率との関係については、彼女はすでに知っていた。

彼女は病室の壁や床を清掃し、汚物や汚水を室内に置かないよう雑役兵に指示、窓を開けて外気を入れさせた。これはまさに的を射ていた。なぜならば、衛生委員会は専門家を使って大がかりな

〝踏査〟をした結果、汚水を吸収してべとべとになっている漆喰壁、糞尿《ふんにょう》を溢れさせて床下一面を走る下水溝、便所と病室を結ぶ空気の流れ、長年溜めこまれた中庭のごみや動物の死骸などを発見、建物全体を清潔の観点から根本的に改造したからである。フロレンスの目指した方向は正しかった。

## 圧倒的な存在感

フロレンスが衛生委員会の功績であると称えても、衆目の見るところ舵をとっていたのは彼女だった。スクタリにおけるナイチンゲールの存在感は押しも押されもしないものとなった。判断力、実行力、統率力、それらに加えて兵士たちへの温かい眼差しと手を持つ彼女の感化力が、病院全体を〝清め〟たといったら言いすぎだろうか。

兵士たちはナイチンゲールの存在によって自らを励ますことができ、彼女の愛に応えようとして身を律することができた。彼らは暴飲をしなくなり、下品な言動を差し控え、苦痛に耐える力さえも身につけた。彼女に促されて残してきた家族に手紙を書き、貯金もするようになった。

ナイチンゲールはヴィクトリア女王への直訴のかたちをとって、病気で入院中の兵士の俸給カットを、戦闘による負傷のために入院した兵士と同額に押さえることに成功した。病気による入院が、兵役とは関係ないとはとても考えられなかった。食料を欠き、清潔な着替えがなく、毛布も足らなくて寒さに震えているような兵士の生活が、陸軍の責任でなくて何であろう。

家族を想って手紙を書き、帰国に供えて俸給を貯蓄するようになった〝人間〟兵士たちは、自分より重症な仲間の面倒もよくみた。兵舎病院の雰囲気は一変したのである。

**読書室の設置**

病院の中だけではない。彼女は一八五五年五月、患者ではない兵士たちのために読書室を設けた。その年の一月十三日号の「パンチ」誌に、次のような漫画が載っているところから、兵士たちに読書の機会を与えれば彼らは〝成長する〟、すなわち飲酒を控え、苦難に耐えて働くようになるという考えを、フロレンスは以前から温めていたのであろう。

ヤメテクレ！
「クリミア戦争の兵士たちに本を送ろう！」
だって？　よし、わしの最近の五幕もの悲劇二十五冊を寄贈してやる（もちろん売れない文士である）。

読書室より少し後になるが、彼女は同じような考えから、兵士たちのためのコーヒーハウス、成人学級のような授業、家族への送金システム（システムというと大げさだが、メイ叔母の夫、サム叔父が本国の〝事務所〟になった）などを発足させた。いずれも大成功をおさめ、兵士たちが人間であることを証明したのである。

ナイチンゲールが当初、兵舎病院において、食べられるような食事、清潔なシャツやシーツや部屋を兵士たちに与えようと奮闘していた時、軍医や役人は、そんなことは兵士には途方もない贅沢だとあざ笑った。兵士を甘やかすなと彼女に警告する者もいた。ところが、生理的に人間らしく生きられるようになった兵士たちは、精神生活的にも人間らしく生きるようになった。パンミュア陸軍大臣は、「英国の兵士は送金をする動物ではない」と言ったのだったが、こうなると黙らざるをえなかっただろう。

## フランス人料理長

一八五五年三月、ロンドンのさるクラブで、フランス人料理長として有名だったアレクシス＝ソワイエが、スクタリへやってきた。パーマストン内閣の陸軍大臣パンミュア卿に全権を委任されて、ナイチンゲールを助けにきたのである。

彼は一八四一年に、クラブの調理場にガス器を導入し、その便利さと経済性を証言して英国の主婦たちの間に普及させたのだが、アイデアに富み、ユーモアのセンスある豪快な人だったらしい。フロレンスはすぐに彼が気に入り、彼も終生、といっても三年ほどだったが、彼女への協力を惜しまなかった。亡くなる前に『ソワイエの台所作戦』という本を書き、この本がスクタリおよびお供で出向くことになるクリミア半島でのナイチンゲール像を、生き生きと伝えることになる。

ソワイエは、役人の冷たい視線をものともせず、兵舎病院の調理場に入り、栄養豊かで美味しくて、経済的な料理を次から次へとつくった。看護婦塔の一角で調理されてきた特別食の役割は終わり、病院中に本物の料理が行き渡るようになったのである。

## 食べることの重要性

ナイチンゲールは、『看護覚え書き』全十三章のうちの二章を食べることに割いて、「食事」「どんな食べ物を？」を論じていることからもわかるように、生命を保ち健康に生きるうえでの食べることの重要性と、それにかかわる看護婦の責任を非常に重んじていた。食べることのありようが人生を彩り、人間を励ますことにも注目していた。したがって、ソワイエが自ら考案した大ポットで美味しい紅茶を入れたり、熱いスープを蓋つきの鍋で病棟に配ったりする姿に、兵士たちが拍手するような光景を見るにつけ、どれほど心休まったことだろう。

兵士たちの喜びはわが喜び、というナイチンゲールの気質は、ようやくすべてが好転したこの時期、シドニー＝ハーバートに宛てて、半島からの傷病兵たちを初めて心からの満足をもって病棟に迎え入れることができた、と書き送っていることにもうかがうことができる。

## 五　疲れと怒り

**半島へ**

スクタリの惨状が一段落した頃になると、フロレンスは疲れ切った。兵舎病院に入って以来、持ち前の強靭な精神力が彼女を支えてきたのだが、ほっそりとした身体がさらにやせ細った。ただし、彼女が来て半年ほどで、兵舎病院の死亡率は四二・七パーセントから二・二パーセントにさがったのである。身を削った代償は、彼女に安らぎをもたらしただろうか。実際はそうではなかった。前線のある半島の病院がまだ手つかずで残っていた。バラクラヴァの病院は少し前の兵舎病院と同様、ひどい状態にあると報告されていた。

看護婦たちの行状についても、好ましくない話が伝わっていた。クリミア半島へ行かなければならないと、彼女は決意した。

聖トマス病院からきた最も優秀な看護婦ロバーツ夫人、ブレースブリッジ氏、アレクシス＝ソワイエそのほか数人を連れ、彼女はバラクラヴァへと渡った。思ったとおり病院は不潔で秩序に欠けていたが、それよりも彼女にショックを与えたのは、半島の関係者たちの敵意であった。

## 剝き出しの敵意

この戦争の軍医長官ジョン＝ホール博士は半島におり、スクタリの病院も彼の監督下にあったので、ナイチンゲールの〝成功〟を心よく思っていなかった。彼は暴君の気があり、総司令官のラグラン卿にも逆らうほどで、部下の医師たちも役人も、彼の言うなりになっていた。

看護婦たちもナイチンゲールに敵意を剝き出しにした。メアリー＝スタンリーの忠実な部下、アイルランドのブリッジマン尼僧長が率いていたのだから、当然といえば当然だった。

彼女の半島行きに先立って、衛生委員会のサザランド博士たちも半島の病院事情改善にとりかかっていたのだが、ホール博士の妨害で事は進まず、さっそく視察をはじめたナイチンゲールも、行く先々で拒否されたり、手はずが整っていなかったり、物資供給を止め置かれたりした。兵士たちだけは、彼女の姿を見つけると歓声をあげた。

## 病に倒れる

身体が衰弱していたうえにこうした神経戦にさらされて、彼女は倒れてしまった。クリミア熱と呼ばれたチフスのような病気だった。かなりの重症で、死の危険もあったらしい。ロバーツ夫人が献身的な看護をした。スクタリからブレースブリッジ夫人も駆けつけた。

さすがにバラクラヴァの病院関係者も当面は鳴りをひそめたが、スクタリおよび遠く本国の人々の驚きは激しかった。一刻一刻の彼女の病状に耳をそばだて、容態を気遣った。やや回復に向かったというニュースが流れた日は、ロンドンの街を行き交う人々の間に喜び合う姿があったというほど、ナイチンゲールの病気は英国民にとって一大事だったのである。

ホール博士の側は、これを機に彼女を帰国させてしまおうと、企てた。スクタリに帰って療養することにした彼女を、スクタリに寄港せず直接英国へ向かう船に乗せたのである。危ういところでブレースブリッジ氏らが気づき、彼女を船からおろしたのだった。

半島で何もできなかった彼女は、さぞ無念だっただろうがいたしかたなかった。高熱のために剃った頭をスカーフで包んだ痛々しいナイチンゲールを、スクタリの人々は細心の注意を払って上陸させた。幸いにも順調に回復する彼女に、彼らは胸をなでおろした。しかし、彼女の思いは半島の病院の問題から離れず、再度の半島行きを考えていた。

が、状況は数段悪化していた。

ナイチンゲールシンパだった総司令官ラグラン卿がこの間に亡くなったこと、ブレースブリッジ夫妻が彼女に劣らず疲れ切って帰国したこと、ブレースブリッジ夫人が担当していた〝慰問品〟――実に様々な物品がひっきりなしに本国のあちこちからスクタリに送られてきた――の管理や配布を引き継いだ女性が不正を行ったばかりか、それが判明して本国に送り返されると、メアリー＝スタンリーと結託して、責任をナイチンゲールになすりつけるような告発をしたこと、こうした出来

バラクラヴァの丘を行くフロレンス＝ナイチンゲールとブレースブリッジ氏／姉のパスィノープ画

事が、彼女の心労と事務的仕事をいや増しにした。

**再度半島へ**

十月、彼女は再び半島へ渡った。半島の病院事情も何とか改善したいと思い、淡々とした心境で事に臨んだが、ブリッジマン尼僧長を先頭に、看護婦たちは相変わらずナイチンゲールの権限を無視して行動し、ホール博士は彼らをかばうのだった。

彼女は今度はずいぶんと下手に出たが、下級の役人までもが彼女に無礼な態度で接した。

そこへスクタリにコレラが発生したという知らせを受けて、彼女は兵舎病院に戻った。その後のナイチンゲールの仕事から察するに、彼女は陸軍の病院の衛生および女性による看護という、大きな観点からのまとまった結果を目指していた。当然のことながら半島の病院も含め、このたびの戦時の関係病院全体を掌握したかった。

「トルコ領における英国陸軍病院の女性看護要員の総監督」

という肩書の中の〝トルコ領〟に、クリミア半島は入らないというホール博士たちの指摘があったが、実際は本国政府との交渉によって、半島の病院の責任も負うことになっていたのである。

## スクタリでも微妙な変化が

スクタリでも、すべてが落ち着き秩序が保たれるようになると、ナイチンゲールでなければ夜も日も明けないという状況ではなくなっていた。役人たちは、彼女を頼りにしなくても何事も処理できると思うようになり、指揮をとる彼女に敵対心を見せる場面が出てきた。彼女が兵舎病院にきた時のような局面の難しさとは性質の違う、深く潜行した難局が彼女を包囲するようになった。これには、十九世紀であれば当然ともいえる、男性社会における女性の扱われ方という一面があっただろう。

スクタリの看護婦たちはナイチンゲールの定めた規則、単独外出は不可、制服以外は禁止、飲酒の制限などによって自己を律することが求められており、それにまったく適さない者は早期に排除されていた。その規則がいやで半島の病院へ行った者もいたのである。それでも無断の外出や飲酒をする看護婦がいて、ナイチンゲールを悩ませた。兵士と結婚する看護婦が続出したことも彼女の頭痛の種だった。後に彼女は、クリミア戦争従軍時の看護婦は、数人のすばらしい例外を除けば、どうにもならない者が多かったと語っている。しかし彼女は、看護婦たちに寛大に接し、クリミア熱にかかった時に療養したさる個人持ちの館を、彼らの保養の家として使う手はずを整えたりもした。

このように、彼女の内心は決して穏やかではなく、精神的にかなり参っていた。健康状態もよくなかった。ただ、半島で病気になった彼女を心配した家族が、メイ叔母をスクタリに派遣した。フロレンスがどれほど慰められたことか。

もっとも、サム叔父は、妻は自分たち家族のもとにいてほしかった。フロレンスは、国民にとってなくてはならない人だが、メアリー（メイ）は、家族にとってなくてはならない人である。それでも彼は妻をフロレンスのもとに遣わした。

## 兵士たちへの愛

しかしこの時期彼女を支えたのは、帰還した兵士たちや、兵士たちが送った手紙を通して、英国民の間に日増しに高まり、大きなうねりとなった〝ナイチンゲール伝説〟だった。ナイチンゲール女史が英国を救ったという、国民共有の一大叙事詩だった。彼女は自分の責任をいやおうなく思い知らされ、陰謀めいたことや裏切りや非礼などがいくら続こうと、戦争中は東方のこの地にとどまって、使命を果たすべきだと肝に銘じた。その決心は、つきつめれば兵士たちへの愛だった。

いつの間にか半島での戦闘は散発的になっていた。開戦以来の問題の地セヴァストポリから、ロシア軍は撤退した。本国の政府も国民も愁眉を開いた気配だった。

国民の間に、ナイチンゲールに感謝の気持ちを表明しようという運動が自然発生的に起こった。シドニー＝ハーバートたち支援者は、この国民感情をタイミングよくとらえ、一八五五年十一月末、彼女が二度目の半島行きから帰った頃、ロンドンをはじめ国内各地で感謝の集会を開いた。その折、彼女に記念の品をということから寄付金の募集を行ったが、これが大きな反響を呼んだ。集会を主催した委員会は募集を継続して、ナイチンゲールが近い将来看護婦の訓練教育をはじめる時のための〝ナイチンゲール基金〟とすることにした。彼女の最大の目標が看護婦の訓練教育だということを、シドニー＝ハーバートをはじめ彼女に近い人たちはよく承知していたからである。

## 〝ナイチンゲール基金〟の設立

軍当局はこの運動に参加することを得策と考えたのだろう。クリミア戦争をめぐる、医療上の問題を主とするもろもろの不祥事を、戦線が落ち着いてきた今、〝英雄〟ナイチンゲール女史に一掃してもらう心づもりもなかったとはいえない。ナイチンゲール基金の広報活動を積極的に繰り広げた。

四万四千ポンドという大金が寄せられたのだが、そのうちの九千ポンドは、東方の現地にいた兵士たちが拠出した。彼らは、進んでそれぞれ一日分の俸給を寄せたのである。

このことは彼女をいたく感激させた。格別の力を得たに違いない。自分が看護婦の訓練教育施設をつくる可能性よりも、兵士たちの心情に彼女が反応したことは、その後の彼女の仕事が裏づけている。

フロレンスはナイチンゲール基金を、すぐに次の仕事を引き受けるというかたちではなく、いつ使うかは未定という条件で受け取った。一つ一つ物事を処理していくというのも、彼女の方法だった。

## 名声とフロレンス

ナイチンゲール基金に結実した本国での名声に、彼女が手離しで喜んだ様子はまったくなかった。責任を感じたが、名を成したことを喜ぶような彼女ではなかった。基金と合わせてヴィクトリア女王から、夫君アルバート殿下のデザインによる〝クリミア〟の文字の入ったダイヤモンドのブローチを贈られても、名誉に感激するという気配はなかった。

女王は、ナイチンゲールが一心不乱に兵舎病院の改善に取り組んでいたさなか、シドニー＝ハーバート夫人を通して、傷病兵たちを案じナイチンゲール一行にエールを送る言葉を寄せた。現地の彼女に妨害の種は尽きず、暗闇の日々が続いたとはいえ、女王の支持は、彼女の成功を外見的には磐石のものとした。しかし、彼女は、胸のうちを次のように語っている。

「……私のこの実験事業に寄せられた華々しい声望を聞くにおよび、私はいっそう心を痛めています。この仕事に対する度外れの喝采が、われわれの中に呼び起こした虚栄心と軽挙妄動とは、この仕事に拭い去ることのできない汚点を残し、おそらくは英国で始まった事業の中で最も将来性あるこの事業に、害毒を流し込みました。……」

一八五六年三月、姉パース宛ての手紙である。パースも、クリミア行きという国をあげての壮挙を妹が引き受けて以来、妹との間のそれまでの人生観、価値観の違いを棚上げして、心情的に妹を助けてきた。フロレンスも、真情を吐露するほど姉を信頼するようになっていた。

しかし、地味で決して目立たず、少しでも御心《みこころ》により適《かな》うようにと労苦をいとわないことをよしとするフロレンスの仕事についての考え方を、どうしても理解できないパースの限界は、やがて露顕する。

## 陸軍司令部との軋轢《あつれき》

半島で受けた意地の悪い扱い、それほどではないにしても、一時よりは確実にはびこってきたスクタリにおける陰謀めいた動きの根本にあったのが、「トルコ領における英国陸軍病院の女性看護要員の総監督」というナイチンゲールの肩書だった。

陸軍司令部はクリミア半島に置かれていたので、総司令官とその部下、軍医長官ホール博士とその部下は、ナイチンゲールは明らかにトルコ領であるスクタリの病院についてのみ権限があるという解釈に立ったのである。司令部が半島にあれば、スクタリの役人たちもおのずから半島のほうを向いて仕事をした。

## 怒りの表明

ナイチンゲールが怒りを表明したのは、一八五六年になってからである。その年の二月、半島の比較的新しい一病院の軍医長から、病院の不衛生と混乱、コレラの流行を何とかしたいということで看護婦派遣の要請があった。しかし、すぐに応じるわけにはいかなかった。半島の状況は、これまでの二度の半島行きの時と少しも変わっておらず、妨害にあうことは目に見えていた。

衛生委員会とほぼ同時に政府から送り込まれた物資補給関係の調査委員会は、物資補給がスムーズに運ばなかったのは、クリミアの軍当局がしかるべく機能していなかったことに原因がある、という最終報告を出したばかりだった。この報告内容は、かねてからナイチンゲールが指摘していたことを裏づけたのだが、それにもかかわらず、軍当局の責任ある立場の将軍たちが昇進や叙勲の栄に浴すというでたらめさがまかり通っていた。

また、メアリー＝スタンリーの配下であった尼僧長は、ナイチンゲールを無視して、放漫な病院看護を続けていた。メアリー＝スタンリーは、本国でありもしないことを言い触らす一方で、友達めかした手紙を寄こす、在コンスタンチノープルの英国大使夫人は、〝汚職〟をして送還されたのに逆にナイチンゲールを告発したレディの肩をもつ発言をする、など、組織的にも個人的にも、およそ筋の通らないことばかりだった。

このような状況で、要請に応じて半島に渡って大丈夫だろうか。彼女は衛生委員会のサザランド博士に相談するとともに、ハーバートに自分の権限がクリミア半島にも及ぶ旨の公式通達を要求した。別添の私信では、陸軍省が自分に対し、どうでもよい称賛の言葉ばかりを送ってきて、肝心の地位の確保の件は放置したままにしていると、激しく怒りを表明した。

実は陸軍病院改善事業について、ナイチンゲールの考えと陸軍省の考えにはずれがあった。ナイチンゲールの頭の中には、早期から大規模な青写真が描かれており、実行に移すための作戦もできていたが、陸軍省は本質的な問題解決をイメージしていなかったのである。

## 全軍命令による地位の明確化

ここにきて初めて、公文書によってその地位が保証された。ナイチンゲールは、女王の政府が任命した全陸軍病院における女性看護団の総監督であり、いかなる婦人、修道女、看護婦も彼女の許可がなければ陸軍の病院で働くことはできない、とした全軍命令が発表されたのである。

全軍命令の出た日は、彼女の三度目のクリミア半島行きの日であった。全軍命令が各兵舎に告示された今、ホール博士もメアリー＝スタンリー寄りの看護婦たちも、ナイチンゲールにたて突くことはできなくなった。

それでもまだ、ブリッジマン尼僧長はよくやったという旨の嘘で固めた怪文書が出回ったりしたが、ナイチンゲールとスクタリから連れてきた看護婦たちは、一年半前のスクタリの兵舎病院とまったく同じ惨状を見せていた半島の陸軍病院を、一週間ほどで見違えるように立て直したのである。

これが最後となる三度目のクリミア半島での仕事は、病院が散在しているため移動がたいへんだった。ナイチンゲールは馬車を使い、移動中に事務的な仕事をこなした。三月の半島はまだまだ寒く、吹雪にさらされて彼女の疲労は蓄積されていった。

**戦争が終結**　終結の日がきた。連合軍が勝利したとも、ロシア軍が勝利したとも言いかねるが、一八五六年四月二十九日、和平宣言が締結された。確かなことは、両軍ともに疲弊しきっていたことである。

ナイチンゲールはバラクラヴァでこの日を迎えた。兵士たちは両軍入り混じって祝杯をあげ、軍当局者は軍隊の引き揚げ策ばかりを考えていたが、彼女は怒りをたぎらせていた。その怒りには後悔が伴った。一年半前にスクタリにきた時の問題の本質は、現在もまったく解決されていない、事態は改善されても本質的な改善ではないことを彼女は痛感していた。

彼女は看護婦一人一人の行く先や勤め先を確かめ、必要な者にはいろいろな手はずを整えてやり、送り出した。その際、ただ一つだけ、彼らに約束させた。それは、今日の言葉にすれば、マスコミの取材を受けてはならないということだった。

彼女自身は六月の末になってからスクタリへ帰り、残っていた看護婦たちを同じようにして送り出し、兵士たちも帰還して誰もいなくなった兵舎病院で、任務終了をかみしめた。

## 帰国の途に

七月二十八日、ミセス＝スミスとミス＝スミスという偽名を使い、メイ叔母とフロレンスはコンスタンチノープルを船出した。国をあげて歓迎したい旨の申し出が山ほどきていたが、彼女はこっそりと帰国した。

死なくてもすんだであろう兵士たちのことを考えると、とても凱旋気分にはなれなかった。

英国を発った時と逆のコースで、八月四日にマルセイユから汽車でパリに入った。メイ叔母と別れてモール家に一泊し、翌日海峡を渡った。ロンドンのどこかで一泊して翌朝早く、ひと足先に帰国していたバーモンゼイの尼僧たちに会うためテムズ河畔の修道院へ行った。午前中はともに黙想の時を過ごし、その日の午後にセントパンクラス駅からダービシャーへ向かった。

八月七日、当時はマンチェスターまで続いていた線のホワットスタンドウェル駅で下車、リーハースト荘への丘を登って行った。秋の早い高原には、名残りの花々が小さく咲き、黒いちごが実っていたことだろう。

父ウィリアム、母ファニイ、姉パースにとって不意打ちの帰還だった。窓越しに最初に彼女を見つけた家政婦のワトソン夫人が、涙ながらに飛び出して迎えたという。

しかし、家族はまもなく失望させられる。

# Ⅵ　陸軍の衛生改革

もし私があのとてつもない大惨事の再発を一部でも食い止めることに、ほんのわずかでも貢献できさえしたら、私はあの勇敢な死者たちに対して顔向けできただろう。

（フロレンス＝ナイチンゲール一八五六年八月の私記）

# 一　終わりは始まり

### 〝私は忘れない〟

スクタリの兵舎病院、ボスフォラス海峡に面した入口高くに彼女が見た幻、「なべての望み捨つべし、なんじこの門に入るものよ」（『神曲』）は消えたが、幻であったとは思えないほどの残像が彼女の内にあった。

ナイチンゲールは、二度とこのようなことが起こらないようにしようと決心した。スクタリの兵舎病院で見たことを、スクタリやクリミア半島のおびただしい墓標を忘れまいと自分に誓った。当時の彼女のノートやメモに〝私は忘れない〟という文字が散見される。

そうした思いを抱いていたのは彼女一人だった。陸軍省には、何もかも忘れようという空気が充満していた。

彼女にしてみれば、英国陸軍の病院や兵士の健康をめぐる課題がはっきりと見えてきた今こそ、根本的な解決策を講ずるべきであったし、それが可能なはずだった。兵士の死亡原因の七十三パーセントは病気にあったということは、兵士が病気にかからないようにすれば、今回のような惨状を繰り返すことはないのだった。

**改革を決意**

やせ細った身体を押して、彼女は改革の実行を決意した。リー・ハースト荘の自室にこもって思案し、黙して語らないフロレンスを家族は気遣いいたわったのだが、彼女の心のうちは彼らの想像を越えていた。特に母ファニイと姉パースは、これからは女三人の仲よく楽しい日々が続くだろう、フロレンスはもう病院だの患者だのと言わないだろう、といった気持ちで彼女を迎えたのだから、やがてまたごたごたの起こることは目に見えていた。

フロレンスの考えていたことは、母や姉の気持ちを裏切るものだった。しかし、ふたたび繰り返される家族との軋轢には、筆者は以後できるだけ言及しない。その本質はクリミア以前と同じだからである。

ことは陸軍の組織改革に及ぶ大仕事である。それがスムーズに進むとは毛頭考えずに行動しはじめたとはいえ、結果的には、異常な忍耐と駆け引きを要する難関が彼女を待ち受けていた。

彼女はまず、クリミア戦争従軍の報告をする旨、陸軍大臣パンミュア卿に面会申し込みの手紙を書いたが、秘書官を通して、いずれそのうちに、それまで十分休養してくださいという返事がきた。

シドニー＝ハーバートには、陸軍のためにすぐ動きたいと、直接的な物言いで書き送ったが、これも同様に、あなたは休養すべきですという返事だった。彼女が繰り返しすぐに行動を起こすべきだと言いつのると、彼はサム叔父を通して、比較的らくな看護の仕事をしたらどうか、と勧めるのだった。

## 改革に消極的な陸軍当局

彼女は焦った。鉄は熱いうちに鍛《う》てであり、この機を逃すわけにはいかなかった。しかし、彼女自身がリーダーシップをとって鍛ちはじめることはできない。公的なポストはなく、何といっても女性だった。それにクリミア以来、彼女は軍当局の役人たちに疎まれていた。ナイチンゲール女史を称賛して従ったとしてもそれは表面的なもので、彼らの多くは、彼女の徹底した兵士優先の仕事ぶりに辟易《へきえき》していた。ナイチンゲール女史の企画による改革の仕事を、そのような役人たちがすんなり受け入れるはずがなかった。

さらに、国民は圧倒的に彼女を支持しており、彼女が提案すれば何にでも賛成するだろうから、役人の立場からすれば、彼女との仕事はなるべく避けたかったのではなかったか。

焦燥のうちに八月が過ぎた。彼女はずっと家に引きこもったままだった。改革を成し遂げるためには、高まる一方の国民的人気――連日届く山のような手紙、贈り物攻勢、会合への出席や写真撮影の依頼、面会申し込み、伝記の出版や肖像画や記念品の販売など――はじゃまであった。

## 〝引きこもり〟作戦

人気の高揚は軍当局を刺激することになり、クリミア戦争時の軍当局や軍人や役人のあり方をナイチンゲールに糾弾されるのではと恐れていた彼らの拒否反応が、さらに増幅すると考えたからである。〝引きこもり〟は作戦の一つだった。

## ヴィクトリア女王と会見

思いあぐねていた彼女のもとに、九月早々、ヴィクトリア女王の侍医でありナイチンゲール家の顧問医でもあるジェイムズ＝クラーク卿を通して、スコットランドのバルモラル城に滞在中の女王が彼女に会見するという知らせが入った。パンミュア卿もハーバートも一向に腰を上げないが、女王が自分の計画に同意してくれるなら彼らも動き出さざるをえないだろうと彼女は思った。

このうえもない好機を最大限に生かそうと、彼女は精力的に資料づくりをし、スクタリやクリミア半島で意気投合して働いた医師や軍人の意見も聞き、陸軍の根本的衛生改革に先立って実態調査を行う勅選委員会の設置を女王に許可してもらうことを、会見に臨む目的とした。

資料づくりは精緻を極めた。戦時に現地で実施された調査の結果すべてを多面的に照合確認し、数字にものを言わせる資料と企画書を作成した。

ナイチンゲールがバルモラル城に上ったのは九月二十一日、帰国してまだ一カ月半しか経っていなかった。女王ならびに夫君アルバート殿下との会見は二時間を越えた。後日女王は、「彼女のような人物が陸軍省にいてくれたらと思う」と、クリミアのナイチンゲールをよく知るケンブリッジ公に宛てて書いたのだから、彼女にとって会見は大成功だった。その週のうちに、女王は何度もナイチンゲールと会って、改革の話を詰めたのである。

陸軍の改革のための勅選委員会を発足させるためには、陸軍大臣の指令が必要である。女王のナイチンゲール応援がここにも働き、彼女はそのままスコットランドにとどまり、バルモラル城でパンミュア卿に会うこととなった。

## 陸軍大臣パンミュア卿

二週間後のナイチンゲールとパンミュア卿との会見は、終始なごやかに進んだ。パンミュア卿は彼女の個性に魅せられた。勅選委員会設置案に彼は同意し、その仕事の〝頭脳〟を彼女に依頼し、首相パーマストン卿と連名で〝指令〟を出すと約束した。

彼女はさっそく仕事に取りかかった。委員会の人選をはじめたのである。クリミア以来の同志、さらにクリミアとは直接関係のない専門家たち、と希望をもって検討をはじめた。シドニー＝ハーバートも、彼女の熱意と期待に取り込まれ、勅選委員会の委員長を引き受けることになった。パンミュア卿はロンドンでもナイチンゲールに会い、委員会設置に向けての路線は磐石なものとなった。ところがそれから先、まったく動きが止まってしまった。十一月十六日にパンミュア卿と会ってから一カ月が過ぎたが、何の音沙汰もなく、クリスマスの頃になると彼女は苛立ちを隠せなくなった。ユーモアたっぷりにパンミュア卿と挨拶を交わしながらも、彼の仕事の進め方の本質を思い知り、憤怒に駆られた。

〝野牛〟とあだ名された彼は、「英国の兵隊は送金をする動物ではない」とクリミアで彼女に言ったように、デリカシーのない、おおまかに事を扱って順序も何もなく片づけていく大物だった。彼の腰は並はずれて重く、何もしないに越したことはないが、しなければならないこともできるだけ先に延ばす、これがパンミュア卿だった。

彼女は気が滅入った。食欲もなく、部屋に閉じこもりがちで、ノートに怒りをぶちまけた。いつか歩いた道をまた歩いているかのようだったが、〝私は忘れない〟の決意が彼女を不退転にしていた。だから彼女は、パンミュア卿がお愛想のつもりで彼女に意見を聞きたいと言った、当時英国最初の陸軍総合病院としてサウサンプトン近くに建設中のネトレー病院の設計図を、徹底的に検討した。計画を遂行するためには、彼とのつながりは保持しなければならなかった。

## ネトレー病院の問題点を指摘

ネトレー病院の設計図は、彼女がクリミア戦争での経験や、以前からの調査や見学をもとに描いていた健康的な病院とはまったく違っていたので、現地へ行ってそれを確かめ、新たに図面を引き直し、意見と膨大な資料を添えてパンミュア卿に送った。

エンブリイ荘でクリスマスを過ごす際、近くのマナーハウスにパーマストン首相を訪ね、目下建設中のネトレー病院は、健康と健康の回復のために好ましくない旨を訴えた。首相なら陸軍大臣に問い詰めてくれるだろうと考えたからである。

まさにそのとおりだったが、パンミュア卿を驚かせたのは、ナイチンゲールの容赦のない手厳しさだった。それは徹底的に集めたデータに立脚していた。パンミュア卿とは正反対の仕事の進め方である。

パンミュア卿は、この時点でナイチンゲールに降参したといってもよいだろうが、ネトレー病院はすでに建設がかなり進んでおり、解体して新たな図面で建て直すというのは経費の点で問題が大きすぎて、彼女の意見は通らなかった。彼女の指摘が正しかったことは、その後のネトレー病院の不健康な歴史が証明している。

## 最後の手段

パンミュア卿は、勅選委員会の設置の件を相変わらず棚上げしたままだった。すでに一八五七年の春になっていた。彼女はやむをえず、最後の手段に打ってでた。

「今日から三カ月以内に、今回の改革に対する公正かつ具体的な誓約が得られなければ、私はクリミア戦争における私の体験と私の改革試案とを公表する覚悟です。」

クリミア戦争以後、彼女は体力は別として以前より確実に強くなっていた。特に意思の面で強靭になっていた。クリミア戦争では、自分の考えを貫くために戦略的に行動しなければならなかった。彼女がそれを得意とする様子は、ハーレー街の療養所時代から見えていたが、あの苛酷な戦時体験を経た今、戦略や策略は彼女の性向に確固として組み込まれていた。さらに重要なことは、鉄の意思を持って戦略的に信ずることを行う彼女の動機は、あくまでも他者の幸せのため、この場合は英国の兵士たちの幸せのためということだった。純粋な動機は彼女の方法を正当化し、その方法には〝脅し〟も含まれていたのである。

パンミュア陸軍大臣は、腰をあげざるをえなくなった。彼はクリミア戦争に関し、ナイチンゲール以外の改革派の人々からも国会で糾弾され、追いつめられつつあった。大臣が姿勢を変えれば、役人たちも従わなければならず〝女指揮官〟を拒否したりすることはできない。

## 勅選委員会の発足

一八五七年五月五日、クリミアから帰還したナイチンゲールが、第二ラウンドの改革を進めようと計画してから九カ月を経て、陸軍の健康に関する調査と改革を行う勅選委員会がようやく発足した。

彼女の〝私は忘れない〟には、絶大なパワーが潜んでいた。勅選委員会の発足にこぎつけるまでに、彼女は大部の、いわゆるクリミア報告書を書きあげていた。しかし、彼女の言葉を借りれば、「報告書そのものには実行力がない」のであり、勅選委員会に実行を託さなければならなかった。

# 二　陰の指揮官

## 勅選委員会のメンバー選出

その頃の彼女のロンドンの住居は、とある古いホテルだった。勅選委員会は事実上このホテルの一室で動き出した。ポストというものを持たない、しかも女性のフロレンス＝ナイチンゲールが陸軍省へ出向くわけにはいかず、かといってナイチンゲールを抜きに委員会は活動できなかった。母ファニイと姉パースが、フロレンスの名声にあやかろうとこのホテルに居座り、何かと騒々しくしていたのは困りものだったが、彼女は彼らにかまわず仕事に全力投球した。

委員会のメンバーが決まった。パンミュア卿や保守的な陸軍省役人との駆け引きを経て、最終的にはただ一人を除き、彼女の意にかなったメンバーが揃った。

前年九月、女王との会見を仲介したジェイムズ＝クラーク卿、クリミアの衛生委員会の委員長で、衛生学の権威として彼女を助けてきたジョン＝サザランド博士、統計学の先駆者ウイリアム＝ファー博士、クリミア戦争中現地において大勢に流されず終始兵士たちの側に立って反体制的に行動した外科の軍医トーマス＝アレクサンダー博士たちである。委員長はシドニー＝ハーバートが引き受け、ただ一人の〝非改革派〟は、陸軍医務局長官アンドリュー＝スミス博士だった。

## 委員会の任務と証言集め

委員会の第一の任務は、陸軍の健康と衛生に関する改革の必要性を実証することだった。委員会は、先の戦争の関係者から証言を集めた。

ナイチンゲールは委員会のメンバーではない。彼女は委員会の開催日に先立ち、その日の証人が誰であるかによって、何を聞き出すべきかを委員長シドニー＝ハーバートやサザランド博士にレクチャーした。彼らがホテルに詰めていることもあったし、彼女が辻馬車を駆って彼らの家へ行くこともしばしばだった。急ぐときには乗合馬車さえ使った。時にはハーバートに頼まれて、彼女が委員会より先に証人に会い、何を聞き出せるかを彼に示唆することをした。

順次集まる証言を、彼女は他のルートから得た事実と照らし合わせて検討した。証言に出てきた病院や兵舎へ委員を赴かせ、調査させた。納得のいくまで事実を集めさせ、事実に基づいて結論を引き出すのは、彼女だった。それは尋常ならざる集中力と長い時間を要する仕事であり、彼女でなければとてもできることではなかった。

ハーバートやサザランド博士をはじめ委員たちは彼女の指示どおりに行動したので、自分が手に入れた事実の一つ一つが、改革の必要性を実証する報告書のどの箇所にどう使われるのか、わからないこともしばしばだった。

仕事の緻密さを欠いたり、スケジュールを守らなかったりすると、ナイチンゲールは彼らを容赦なく責めた。厳しい叱責やせきたてにもかかわらず彼らは彼女に従い、決して背くことはなかった。委員会は、クリミア半島でナイチンゲールに敵意を剝き出しにした軍医長官ジョン＝ホール博士を証人として呼び出した。彼らは淡々と、可能なかぎりの事実を彼から引き出した。それがナイチンゲールのやり方だった。

最後の最も重要な証人は、ナイチンゲール自身であった。彼女がどこまで踏み込んだ発言をすべきか、委員会は思案を要した。クリミアでの出来事には言及せず、病院建築に関して質問に答えるというのが、シドニー＝ハーバートをはじめ委員会の提案だったが、彼女はこれを一蹴した。英国陸軍兵士の生活の改革をしようというのに、それに直結する自分の経験を証言しなければ、道義にもとるではないかと主張した。

その一方で、自分が証言台に立つことのあまりにも劇的な様相も十分に想像できた。彼らは慎重に考えた結果、ナイチンゲール女史は思うままに証言するが、証言台に立つのではなく、委員会の質問に文書で答えるという形にすると決定した。つまり、彼女自身がつくった問いに答えるということである。

勅選委員会が正式に発足してから半年後の十一月、パンミュア陸軍大臣に提出された委員会報告の証言部分四百頁のうち三十頁を占める彼女の証言は、次のように始まる。

## ナイチンゲールの証言

＊あなたがたが、コンスタンチノープルの英国野戦病院へ派遣されたのはいつですか？

私たちは、一八五四年十一月四日にコンスタンチノープルに着きました。

＊そこで英国軍が使っていた病院は？

アジア側、スクタリ近くの二つの大きな建物です。すなわち、トルコ軍の兵舎とトルコ陸軍総合病院で、いずれもトルコ政府により英国の軍隊の使用に供せられていました。

＊その時点の患者の数は？

兵舎病院に千五百名、総合病院に八百名、計二千三百名でした。

＊あなたは何名の看護婦およびレディを連れて行きましたか？

看護婦二十名、英国国教会の〝シスター〟八名、尼僧十名、その他レディ一名です。

＊あなたがたはどこに居を定めましたか？

私たちは、同日夜兵舎病院に宿営しました。二カ月後に本国から四十七名の看護婦とレディから成る援軍を受け入れまして、私たちは総合病院にも宿舎を持ち、後にはコウラリにも持ちました。

＊あなたはそれらの病院にどれほどの期間駐在しましたか？

英国軍がトルコから引き揚げた一八五六年の七月二十八日までです。

＊あなたはクリミア半島の病院へ行きましたか？

三回行きました。各連隊病院を訪問し、総合病院には約六カ月滞在しました。

（省略）

＊あなたの滞在中、病院でどれほどの英国軍兵士が死亡しましたか？

約四千六百名です。

（省略）

＊それら病院における死亡率は主として何が原因であると考えますか？

衛生上の欠陥です。

**報告書の棚上げ**

委員会の報告書は、ナイチンゲールの証言すべてを記載した。彼女も委員会も、それが公表され、すぐにも国レベルでの改革を起こす根拠になると期待していた。ところが、パンミュア卿はこれをまたもや棚上げしたのである。

陸軍省内反改革派の、何でも後へと引き延ばしたり忘れたふりをする次元の低いやり方から、女性のくせにというナイチンゲールへの反感まで、あらゆる反対姿勢の根本には、兵士の生活状態を改善するようなことで英国陸軍がパワーアップするとは考えられない、現在のままで英国陸軍は十分機能しているという意識と不遜があった。特に〝改革〟がすなわち陸軍省の行政機構の改革であることが彼らには我慢ならなかった。

〝ハーバート卿著〟とある委員会報告が公表されたのは一八五八年になってからである。そこに至るまでには公表に向けてのナイチンゲールの戦略的な出版物攻勢があった。

## ナイチンゲールの「クリミア報告書」

ナイチンゲールは勅選委員会の発足以前から、個人的に「クリミア報告書」を書いていた。『英国陸軍の健康、能率および病院管理に影響をおよぼしている諸事項についての覚え書き』がそれで、一八五七年の暮れ、委員会報告書と前後してパンミュア卿に届けられた。これも彼によって放置されたが、彼女はある部数を私費で印刷し、必要に応じて関係者に配布した。

この著作の内容は委員会報告と部分的に重なるが、後者より詳細を極め、彼女の立証の過程と改革の青写真を明快に示している。すなわち、英国陸軍の能率が兵士の健康管理のいかんによって左右されることを、死亡率を中心に歴史的に分析し、問題はクリミア戦争にだけあるのではなく、英国陸軍に普遍的であるとした。

異常に高い死亡率は、戦闘によるものよりはるかに多く疾病に由来しており、それらは陸軍病院および兵舎の衛生状態や食事をはじめ生活状態に由来していることを、クリミア戦争時に自分でとった前後統計をもとに証明した。さらに、戦時だけでなく平時も、陸軍兵士は兵舎の構造をはじめあらゆる面で不健康な生活を強いられ、民間人よりも死亡率が高いことを、帰国後に本国内で行った追試験的調査をもとに証明した。

パンミュア卿がなかなか報告書の公表に踏み切らない間の出版物攻勢とは、このほかにも説得力ある事実を様々なかたちで公表し、陸軍改革に対する世論の支持を高めようとするものだった。彼女自身も書いたし、社会改革家、衛生改革家として聞こえの高かったエドウィン＝チャドウィックら影響力のある論客に、シドニー＝ハーバートを介して、雑誌への寄稿や小論文の出版をしてもらった。書いてもらうにあたり、彼女はこと細かく内容を指示し、データを与えたという。

### 四つの小委員会が発足

報告書が棚上げされることは十分予想されたので、ナイチンゲールとシドニー＝ハーバートは、報告書内容の実施計画を早々に立てていた。それは改革のために以下の四つの主任務を負う小委員会を発足させるというものだった。

一　兵舎を衛生的に整える。
二　陸軍に統計局をつくる。

三　陸軍医学校を設立する。
四　陸軍医務局を改組する。

改革実施機関としての四つの小委員会設置案に、パンミュア卿は色よい反応を示したが、彼は陸軍省内部の抵抗をなかなか処理できず、紆余曲折を経ての小委員会発足だった。四つの小委員会ともに委員長はシドニー＝ハーバートであった。勅選委員会の報告書公表の直前だった。

勅選委員会の報告書は、国会において高く評価され、そこに盛られた数々の改革案は英国の政治経済上、早急に実施する必要があるという結論に達した。

かくして一八五八年の夏以降、ナイチンゲールは交通の便がよいロンドン中心街のホテルの一室にこもり、委員会メンバーをはじめ関係者と、小委員会の仕事を精力的に進めた。その一室は〝小陸軍省〟と呼ばれたのである。

しかし、陸軍省の既存の機構の動きは鈍く、協働者たちは必ずしも彼女が思うようには力を発揮してくれず、事は難航した。彼女の知己のパーマストン首相の肝いりがなかったら、変化を起こすことができたかどうかは疑わしい。同様に、一八五九年六月に発足した第二次パーマストン内閣で陸軍大臣に任命されたシドニー＝ハーバートの、以前にも増しての協力がなかったら、やはり変化を起こすことができたかどうかわからない。

## 改革を実行

四つの委員会が成果をあげるまでには、さらに何年もかかった。その間にシドニー＝ハーバートは亡くなったが、彼女の〝根回し〟によって次の次の陸軍大臣に彼女の支持者が任命され、陸軍の衛生改革という大義は全うされるのである。

新しく建造される兵舎の設計は、換気や保温、上下水道の設備、その他衛生面で彼女が納得できるものであり、以前からの兵舎も改善された。調理場は改築され、コックの養成所も設けられたので、兵士たちは栄養のある美味しい食事をとることができるようになった。陸軍統計局が発足し、軍の衛生統計は完全なものになった。軍医学校は比較的早く開設され、陸軍医務局関係の法規類は、軍の衛生基準が高まるような方向に改正された。

クリミアの教訓を正しく受け止め、兵士の幸せこそ英国の栄光として、追求の手を決してゆるめなかったナイチンゲールの功績は大きかった。

## 三　犠牲

**心労**

東方の現地において、困難を極めた戦時病院管理と看護に一年八カ月を費し、命を賭けて取り組んで帰国したばかりの身に、陸軍の衛生改革の仕事は大きな負担になった。勅選委員会が発足するまでの焦燥や、調査やまとめに奔走した日々、委員会が発足すれば証人喚問の段取り、証言と各種資料の照合、シドニー＝ハーバートたちへのレクチャーと、彼女の疲労は蓄積する一方だった。ホテルに押しかけてきて神経を逆なでする母と姉が原因の心労も大きかった。彼女が忙しく仕事に追われているかたわらで、二人はのんびりとくつろぎ、はてはお茶会などを開いて仕事を妨害した。

**病に倒れる**

一八五七年夏、彼女は虚脱発作を起こした。彼女は元来丈夫な体質ではなかった。クリミアでもクリミア熱のほかに、頭痛、耳痛、歯痛、喉頭炎、関節炎などに絶えず悩まされ、常に消耗状態だった。今回は完全な失神をきたし、すぐ意識を取り戻したものの身体は動かなかった。紅茶以外は喉を通らず、不眠と激しい動悸が続いた。

このような状態が何日も続き、誰もが彼女はじきに死ぬのではないかと思ったほどである。ところが彼女は仕事を続けていた。寝椅子から起き上がれないほど弱っていても、健康な人よりも精力的に書き物や調べ物をし、委員会の面々に檄を飛ばし、怒りをぶつける手紙を書いたのである。

周囲に説得されて当時人気のあった鉱泉の地、バーミンガム南西のモールバーンで一カ月ほど保養したが、訪問したサザランド博士が、ほとんど死にかけていると見たほど衰弱していた彼女が、ペンを握っていた。

クリミアの時と同じようにメイ叔母が駆けつけて世話をした。やや回復してロンドンに帰ったが、彼女はこの時を境に、以後三十年あまりを病人として自室にこもることになる。

## 彼女の〝病気〟

ナイチンゲール女史は病気であり、誰とも面会しないというのがルールになった。ファニイやパースが訪ねてくると聞いたり、彼女をわずらわせるような何かが起こると発作を繰り返して息も絶え絶えになるので、このルールはしだいに確固たるものになっていった。

彼女は仕事のために健康を犠牲にした。しかし同時に、彼女は独りになって思う存分仕事に打ち込む自由を得た。病気はむしろ彼女にエネルギーをもたらした。やがて、〝病気〟を利用しているかのような様子が見えてきたのは、当然の成り行きかもしれない。

彼女はホテルの自室から一歩も外へ出ずに仕事の指揮をとり、書き物をした。指揮棒は休むことなく振られ、その激しさに裏方を含む彼女の〝チーム〟から次々と犠牲者が出た。

## 犠牲者たち――メイ叔母

まずメイ叔母である。夫のサム叔父と子供たちを犠牲にして、彼女はフロレンスの犠牲になった。フロレンスがメイ叔母を手離さなかったのだが、メイ叔母のほうも彼女を見離すことができなかった。時には横暴と思えるほどの要求に対し、少女の頃からメイ叔母を引きつけてきた不思議な共鳴のなかで、フロレンスの〝仕事〟の価値を知り、賢明に応えた。彼女が行った世話は、直接的にも〝仕事〟を支えるものだったし、間接的には「フロレンスに近寄らないでください」と〝エンブリイ荘の皆様〟に手紙を書いて、仕事一途のフロレンスを守った。

しかしフロレンスの、策略的ニュアンスのある隠遁病臥生活が始まって三年後、さすがのメイ叔母も疲れ切って家族のもとに帰った。フロレンスはそれを裏切りとののしった。

## アーサー＝ヒュー＝クラフ

フロレンスの紹介で、メイ叔母とサム叔父の娘と結婚したアーサー＝ヒュー＝クラフは、オックスフォード大学で学んだ詩人だった。ハーレー街の病院へ赴く直前のナイチンゲールと知り合って以来、彼女の知遇を受けていたが、フロレンスがクリミアから帰ってからは常に彼女のそばで、仕事の裏方を務めた。口述筆記、手紙の代筆、郵便局行きをはじめもろもろの使い走りに働きづめだった。よく気がつき何でもできる秀才だった。メイ叔母と同様、クラフがいなくてはフロレンスは生活できなかったであろう。サム叔父としては、妻と娘婿の二人をナイチンゲールに奪われ、不満このうえなかった。

クラフは、やがて始まったナイチンゲール基金による看護婦養成学校設立の仕事に当初から全面的にかかわり、勅選委員会発足の時に勝るとも劣らない苦労を背負うことになったフロレンスを、一段と力を入れて支えなければならなかった。

その結果、彼は学校が発足した頃から体調不良に陥り、一八六一年、フロレンスの援助でフィレンツェへ休養の旅に出て、そのまま帰らぬ人となった。

クラフの死に、彼女は打ちのめされた。先立つこと三カ月ほどに、シドニー＝ハーバートが亡くなっていたので、そのショックは傍目《はため》には推し測れないほどだったと思われる。クラフの家族は、フロレンスに怒りと恨みをあらわにし、彼女を許そうとはしなかった。

### ヒラリー＝ボナム＝カーター

母方の従妹のヒラリー＝ボナム＝カーターも、幼い頃からフロレンスを慕い、フロレンスも彼女の絵画をはじめとする才能と優しい性格を認めて親しくしていたので、メイ叔母の不在の時など、クラフとともにナイチンゲールを支えるようになった。

メイ叔母が去って本格的にその代役となると、ヒラリーの生活はフロレンスに取り込まれ、自由時間がなくなってしまった。ヒラリーはともかく、家族は、メイ叔母やクラフと同じようにヒラリーも犠牲になるのかと息巻いた。

フロレンスも今度は気を遣い、ヒラリーに勉強の時間を与えたり、自分の世話役ではなく友人として一緒に暮らすことを提案したりしたが、それはヒラリーの本意ではなく、ヒラリーは二年もたたないうちに離れていった。彼女はフロレンスに仕えることが喜びだったのである。実家に戻ったヒラリーが、自分と一緒に暮らしていた時以上に雑用に使われているのを知るとフロレンスはがっかりした。自分が、母と姉に振り回されていた遠い日の記憶が蘇ったことであろう。

ヒラリーは、時々はフロレンスを訪ね、一八六三年に出版されたインド駐在英国陸軍の衛生についての所見に掲載した木版画（原画はインドから送られてきた）に手を入れるなどした。しかし、二人の仲はもとに戻らなかった。フロレンスはヒラリーの生き方が気に入らず責めたてた。

二年後の一八六五年、ヒラリーは癌で死んだ。フロレンスは、才能ある女性が愚かな家族につぶされてしまい、自己を実現できない現実を呪った。

られたのである。

## シドニー＝ハーバート

しかし、フロレンス＝ナイチンゲールの最大の犠牲者はシドニー＝ハーバートである。本人は犠牲になったと思わなかっただろうが、衆目の見るところ、彼女は彼の命を縮めた。彼の犠牲によって、ナイチンゲールの陸軍衛生改革は成し遂げられたのである。

一八四七年、ローマで二十七歳のフロレンスに出会って以来、両者は文字どおりの〝同志〟であった。二人とも、福音書の精神を生き、自己の利益のためではなく、公益に尽くすことを自分に課していた。彼は、行く手を家族に遮られて苦悩する若いフロレンスを終始支持し、彼女の歴史的生涯の決定的要因となったクリミア行きを実現させ、現地の彼女を誠心誠意助けた。彼女に対する彼の支援には、夫人のエリザベスも心から同調していた。夫人は夫ハーバートを指揮するナイチンゲールを崇拝した。リトン＝ストレイチは、ハーバートとナイチンゲールの同志関係を、英国以外では存在しない性質の、男女の親密な交わりと語っている。

ナイチンゲールは「シドニー＝ハーバートなくしては私は何もできない」と常に言っていたが、事を成し遂げるには、公的なポストと権限を持つ男性なくしては、という意味であった。さらに言えば、正確な認識力を持ち、信望あつく、人格に優れた男性なくしては、という意味だった。

スクタリの病院から、半島から、彼女はハーバートを突き上げる手紙を立て続けに書き送った。帰国してからは、勅選委員会と小委員会の発足と運営をめぐり、彼に拍車をかけ通しだった。スペイン史の英雄、イスラム教徒と戦ったエル＝シッドのように戦えと叱咤した。

ハーバートは戦後、回復の見込みのない腎臓の病気にかかったため休養を取りたかったが、ナイチンゲールはそれを許さなかった。彼女は彼が病気になったことが許せなかった。彼がかなり衰弱してからも、反改革派に押され気味になる彼に、病気がなんだと悪態さえついた。

ハーバートは勅選委員会と四つの小委員会の委員長を務め、一八五九年夏には陸軍大臣に任命され、インド駐在陸軍の保健に関する勅選委員会の委員長も引き受けた。この勅選委員会は、一八五七年夏のベンガルの反乱を契機に、インドの陸軍の衛生状態を改善しなければとナイチンゲールが設置を要求し、陸軍当局ともめたあげく、二年後に発足した委員会である。この委員会についても、彼女は何かと彼を責め立てた。また、ナイチンゲール基金による看護婦訓練学校設立の仕事にも彼を引き込んだ。

一八六〇年の暮れに彼は倒れたのだが、ナイチンゲールは彼の引退を認めず、陸軍省にとどまるように説得し、それから半年、ハーバートは彼女のためだけに半死半生で仕事をした。一八六一年八月に亡くなる直前、すべてを放棄するほかないと彼が決意した時、彼女は彼に冷たい訣別の言葉を返した。

彼はナイチンゲールの怒りにひたすら耐えて、「かわいそうなフロレンス、われわれの仕事はまだ終わっていないのに」とつぶやきながら息絶えたのである。

姉パスィノープの嫁ぎ先のクレイドン - ハウス。
現在はナショナルトラスト所属

数々の犠牲のうえに、ナイチンゲールの〝私は忘れない〟は貫かれた。同時に、兵士たちに限らず人々一般の幸せの核になる健康を守ろうという新たな課題が彼女のうちに育まれていた。

### 姉パースが結婚

いつのまにか、母と姉はフロレンスを〝解放〟していた。それは彼らが諦めたということであるから、ある意味で、彼らもフロレンスの仕事の犠牲者なのである。パースは一八五八年夏、バッキンガム州ヴァーネイ村の荘園、クレイドン - ハウスの主で国会議員のハリー＝ヴァーネイ卿と結婚し、妹に執着しなくなった。

ヴァーネイ卿は再婚だったが、当時の英国屈指の紳士であり、自由思想のもとに領地の人々の生活改善や、農村行政改革に取り組んで成果をあげていた。当初彼は、フロレンスに関心を抱いて接近してきた。〝小陸軍省〟で次々と事を処理し、指揮する一方で、執筆に集中している彼女に魅せられて求婚したが、きっぱりと断わられた。リチャード＝モンクトン＝ミルンズとの結婚をめぐって悩み、〝精神的自殺〟はしないと決意した彼女が、クリミア後のこのような時期に、相手がどんなに立派な人物だろうと結婚するはずがなかった。

ヴァーネイ卿は諦めたが、ナイチンゲール家に出入りするうちにパースとの結婚に至った。そしてフロレンスに対しては、その思想と実践の有力な擁護者となったのである。

# Ⅶ　看護発見

女性はみな看護婦である。……身体が病気に罹らないようにするには、あるいは身体が病気から回復できるような状態に置くにはどうすればよいかについての、看護の知識が重要である。それは誰もがもつべき知識であると考えられ、専門家だけがもつことのできる医学知識とは別のものである。（フロレンス＝ナイチンゲール『看護覚え書き』）

## 一　『看護覚え書き』

**看護とは**　フロレンス＝ナイチンゲールは、生涯に一五〇あまりの著作をものした。ほとんどが衛生および保健に関する著作であり、〝クリミアの報告書〟に連なる陸軍の衛生や植民地の保健にかかわるものだが、先に記したように、若い日の自伝めいた書物や、自らの哲学を論じた思想書もある。しかし、何といっても彼女の著作のなかの白眉は、『看護覚え書き』である。

彼女は、それまでの経験から、病人の苦しみのほとんどは病気そのものが原因ではなく、他のことが原因であることを確信した。

それは、新鮮な空気、陽の光、暖かさ、静かさ、清潔、規則正しく必要十分な食事、また、気分転換、安心、その人らしさの尊重、こうしたことのどれか一つ、あるいは二つ、あるいはいくつもが欠けている状態である。これらが欠けているために、病人や幼い者（現代において補足すれば高齢の者）の苦しみのほとんどは生じるのであり、その苦痛を取り除くのが看護である。

すなわち、新鮮な空気、陽の光、暖かさ、静かさ、清潔、適切な食事、気分転換などを病人や幼い者にとどこおりなく与える、あるいは与えるように手配する、また、病人や幼い者の心を波立たせたり、その人らしさを傷つけたりすることのないように、看護者自身をはじめ周囲の人々の言葉や動作に気を配る——まとめていえば、病人の回復、幼い者の健康な成長（高齢の者の健康な老い）のために最もよい状態にその人を置く、これが看護だと彼女は言うのである。

## 彼女の仮説

彼女は、『看護覚え書き』の結論で、看護について次のような仮説をたてた。「看護のしなければならないことは、自然が病人に働きかけるように最善の状態に病人を置くことである」。

〝自然〟とは、古くはギリシアのヒポクラテスの言った〝生体の復元力〟である。

彼女は悩んだ。病人や幼い者を〝自然〟が働きかけるように最善の状態におくという仕事をいったい何と呼んだらよいのか？　看護？　衛生？　衛生看護？　いや、一般に行われている看護は、単なる介抱か病人の番をすることであって、決してこのような働きではない。しかし、看護とはこのようなことでなくてはならないと彼女は考え、「ほかによい言葉がないからこれを看護と呼ぼう」と、『看護覚え書き』で宣言した。

ナイチンゲールの看護発見は、勉強家の彼女が、ギリシア語でかフランス語でか、あるいはその頃出版された英語版でか『ヒポクラテス全集』を読んだり、医学史に養生法の目立たない流れを見つけたり、また、十八世紀以来の英国における自然志向思想に刺激を受けたりした結果とも考えられるが、発見の直接の場は、クリミア戦争であった。

一八五四年の秋、彼女の一行がスクタリの兵舎病院に入った時のそこの死亡率は四二・七パーセント、半年後の春にはそれが二・二パーセントになったが、その間の変化因子は彼女の一行だけである。そこで彼らが行ったのは、病気の兵士たちの生活と衛生の改善に尽きる。生活のなかには心の生活も含まれていた。

何をしたらどうなったか。クリミア戦争でつかんだことを、彼女は帰国してから英国内の病院で追試した。同じ結果だった。そこから彼女はあの仮説を得たのである。

**仮説の実証**

以来今日まで、看護学は彼女の仮説の実証を進めてきた。〝自然が働くための最善の状態〟とは、その人の生理的ならびに心理的平衡が保持されている状態、基本的な欲求が満たされている状態、意思決定なども含めて自立の度合が高い状態、というように理解を深めてきた。

ナイチンゲールは、『看護覚え書き』で〝ほんとうの看護〟を語りつつ、それが〝病気の看護〟ではなく、〝病人の看護〟であることを浮き彫りにしていく。いや、健康な人の看護も同じ原理に基づくと言っているので、〝人間の看護〟であることを浮き彫りにしていく、と言うべきだろう。

看護が病人を〝自然が働くための最善の状態〟に置きそこなった時、その痛手は病人の身体よりも心のほうにずっと深い。心とは病人の思いであり、看護はそれを痛めつけないように大事に見ていくが、そうすると〝いかに看護するか〟と〝いかに病むか〟とが同時に見えてきて、〝いかに看護するか〟は〝いかに病むか〟を常に内に抱えていることがわかる。これに対して、医学の診断と治療は〝いかに病むか〟を外に置いていると、彼女は言外にほのめかす。

耳を澄ませば、彼女の声がもっと聞こえてくる。〝いかに看護するか〟と〝いかに病むか〟は一体なので、看護は病人の重荷をともに担うことになる。これに対し、診断と治療は病人の重荷を負う力を高めようと働きかける。

しかし、病人の重荷をともに担う看護も、〝いかに病むか〟を一〇〇パーセント理解することはできず、できないことを知ってできる限り病人の体験に接近しようと努力する。病気を一〇〇パーセント理解することを目指す診断・治療とは、性質が違うのである。

そのような看護は、病人一人一人の経過中の変化を丹念に見る、すなわち、その人の生きていく様子のすべてを見守ると言ってよいほどだから、看護の働きは決して断片的にはなり得ない。これが、病気の最終的な変化、回復とか後遺症とか、あるいは死とかを見るとなると、えてして断片的になりやすい。非人間的な医療を避けるためには、断片的になりようがない看護の存在が不可欠である。

## 一般の人々の書『看護覚え書き』

ナイチンゲールは看護を発見し、その作用と特性を『看護覚え書き』に書いた。一八五九年も暮れようとしている頃の出版だった。彼女は〃人生のいろいろな折に〃、〃他者の健康について責任を負う〃ことになる一般の女性に向けて書いたのだが、必然的に看護婦向けのテキストになり、フランス語、ドイツ語、イタリア語などに翻訳され世界各地に広まっていった。

一般の女性が看護を理解して、家庭で実行してもらいたい、それが広く健康を普及させる確かな道であるという彼女の考えは確固たるもので、二年もたたないうちに、表現をやさしく論理をすっきりと単純にした、『労働者階級のための看護覚え書き』を書いた。最初の本が二シリング（二十四ペンス）だったのに対し、六ペンスという安価で、彼女の目論見どおり、前者に勝るとも劣らず版を重ねた。

彼女は、この『看護覚え書き』のいわば大衆版の終わりに、〃赤ん坊の世話〃なる一章を設け、労働者階級の母親たちのためにわかりやすくした『看護覚え書き』のエッセンスを、当時は当たり前のことだった弟妹の子守りをする少女たちのために、さらに平易にする手間をかけた。看護を社会の隅々にまで行き渡らせたいというナイチンゲールの熱意と、少女たちも含めた一般大衆の、学ぶことができる可能性を信じる彼女の人間観とが浮かび上がってくる。

スクタリの病院で、人間ではないとまで言われていた兵士たちがみるみる変わり、自らを成長させていった日々を、彼女は忘れなかった。〝地獄〟だけを忘れなかったのではない。

### 女性論

『労働者階級のための看護覚え書き』では削除されているが、ナイチンゲールは『看護覚え書き』の〝結論〟の最後に注記として、当時のいわば〝跳んでる〟女性たちとそれをもてはやす風潮の弱点をつき、同じ頃、友人の女権拡張論者に、「私は、世に女性が受けている差別とか女性の権利とかには、まったく関心がないのです」と言っている事実に肉づけをした。この注記は、『看護覚え書き』全体にみなぎるナイチンゲールの機知と辛辣さの見本でもある。

「私は女性のみなさんに、今、至るところに広まっているわけのわからない二種類の言い分に、耳を貸さないでほしいと心から願う。その一つは、女性の〝権利〟に関してであり、医学その他の職業を含めて男のすることはすべて女もすべきだというもので、それも、単にそれを男がしているという理由からそう言うだけで、それが確かに女のできる最善のことであるかどうかについてはまったく顧慮されていない。もう一つは、男のすることはすべて女はしてはいけないというもので、それも、単に女だからという理由からそう言うだけで、女性は〝女としての義務感を思い起こすべき〟であり、また〝これは女の仕事〟であり、〝あれは男の仕事〟であり、そして〝これこれの仕事は女がしてはならないこと〟だからなのだ。……女性はこれらの世評のいずれにも耳を貸すことなく、神の創り給うた世界の仕事に対して、たとえそれがなんであろうと自分のもてる最善のものを提供すべきである。……女がこれをできたのが驚くべきことのゆえに、そのことがよくなるわけではない。かといって、もし男がそれをしたのであればよいことだったのに、女によってなされたことで、そのことが悪くなるわけでもない。

こういうわけのわからない話にとり合うことはない。心を素直にひたむきにして神の仕事へのあなたの道を邁進しなさい。」

# 二　『病院覚え書き』

同じ一八五九年、ナイチンゲールは大部の『病院覚え書き』を出版した。病院で働くことを決意した二十四歳の時から、彼女はあらゆる機会をとらえて英国内やヨーロッパ各地の病院について調査を行い、見学を重ねてきた。

## 健康的な病院とは

クリミア戦争従軍は、そのようにして積み上げてきた病院に関する知識に、体験という強みを加えた。帰国してからは、本国の軍病院や民間病院の各種データを計画的に集めた。

勅選委員会のメンバーであった統計学の草分けファー博士の協力を得て、それらデータを統計学的に分析し、推論した結果、彼女は健康的な病院とはどのようなものかを著した。それが『病院覚え書き』である。

「病院の第一の必要条件は、病人に害を与えないことである」という明言ではじまるこの本も『看護覚え書き』と同じく、前代未聞のテーマを扱うものであった。病院が病人に害を与える？人々は度胆を抜かれたに違いない。

おびただしい数の設計図面と統計数字が並んでいたが、『病院覚え書き』も広く読まれた。当時の病院の高い死亡率は、死ぬ必要のない患者の死亡に由来することを彼女は証明した。

健康的な土地に、上下水道の完備した換気のよい建物を建て、一人当たりの病室空間を十分にとり、清掃を行き渡らせる……、それでこそ『看護覚え書き』に記した看護が効果を上げ、決して病気が原因ではない患者の苦しみが減少するばかりか、死亡率も低下する。

回復期の患者や子供は、建物を別にすることが望ましい。一般病院の子供病棟は、見なくてもよいことを見てしまうので、子供にとっては好ましくない。子供のための専用病院が必要である……。

そして何よりも、病院統計が正確にとられなければならない。各病院が個々ばらばらに統計をとるのではなく、統一基準のもとに統計をとらなければ意味がない、と彼女は指摘する。

**統計家ナイチンゲール**

〝標準病院統計に関するナイチンゲール女史の試案〟は、一八六〇年にロンドンで開催された統計学会で、採択の決議がなされた。

これに先立ち、彼女は一八五八年に発足した統計学会の会員に選ばれていた。

彼女は統計が好きだった。数学的な数字の価値を知り、情熱を傾けて病院統計、衛生統計、人口統計などに取り組んだ。クリミアの報告書には、彼女が考案した鶏頭図と呼ばれる月ごとの死亡率の図表が載っている。

国際統計学会は、現在も年次総会で統計学者フロレンス＝ナイチンゲールを讃えるほどなのだが、しかし、彼女は統計がすべてを語るなどとは決して思っていなかった。『看護覚え書き』で彼女はこう述べている。

平均死亡率は、何パーセントの人が死ぬかを私たちに示しているだけである。観察（看護の）は、死ぬと思われるのは一〇〇人のうちのどの人たちであるかを私たちに示さなければならない。」

### 脱病院化社会を示唆

ナイチンゲールは、『病院覚え書き』で「病院は文明の中間段階である」とも言ってのけた。人間社会の文明が高度に達すれば病院は必要なくなるというわけだが、それは単に、病気がなくなることを指しているのではない。真に人間らしい社会では、病人は非日常的な場所に収容されることなく、家庭で、地域社会で、日常的に暮らしながら療養するだろうと、今日言うところの、脱病院化社会あるいはノーマライゼーション思想を示唆しているのである。

近年、世界保健機関はいとこのヘンリー＝ボナム＝カーターに宛てた彼女の私信から、これを裏づける次の一節を発見し、住宅保健医療のキャンペーンに使用した。

ナイチンゲール病棟（小児科）

「およそ看護の最終目標は、病人を彼ら自身の家で看護することだというのが私の意見です。私はすべての病院と施療院が廃止されることを期待しています。でも、二〇〇〇年のことについていま話したところで何にもなりませんね。」

二〇〇〇年を目前にして、彼女の期待がようやく我々のものになりつつある。

『病院覚え書き』が話題を呼んだ結果、ナイチンゲールは病院建築の権威とされるようになった。以後、ほとんど終生、英国内はもちろんヨーロッパの各地に病院が建設される時は、彼女は関係者から相談を受けるのだった。

## 〝ナイチンゲール病棟〟

言うところの〝ナイチンゲール病棟〟は、彼女が『看護覚え書き』で繰り返し説いている〝健康な住居〟であり、『病院覚え書き』で結論として示した理想の病棟である。

テムズ河対岸からの聖トマス病院全景
中央の２棟がナイチンゲール病棟

病棟一つがそっくり大病室となっているそれは、高い天井、上下に開く高く大きな窓、左右それぞれに十五のベッド、窓一つにベッド一つ、部屋の中央に看護婦ステーション、やはり中央に患者がくつろぐためのデイ-スペースが設けられている。

病院の病室は今世紀後半、個室あるいは小人数部屋へと急速に変わったが、この〝ナイチンゲール病棟〟は一九七〇年代に、病院建築家によって再評価された。

患者には看護婦や医師の動きがよくわかるうえ、患者同士がいわば病棟生活共同体の一員であるという実感を持つことができ、プライバシーが侵されると考える以上に、安心感があるのがよいということである。看護婦にしてみれば、常に患者を直接観察でき、彼らの必要にすぐ応えることができる。プライバシーが必要な時は、ベッドごとについているカーテンを引けばすむだろう。

患者や家族、看護婦や医師に質問調査をしてこのような結果を得た建築家たちは、壊して建て直そうとしていた〝ナイチンゲール病棟〟を、改修だけして残すことにした。例えば、テムズ河を挟んで国会議事堂の向かいにある、聖トマス病院に、われわれはそれを見ることができる。

# 三　ナイチンゲール‐スクール

## 看護婦教育に着手

ほんとうの看護、人間の健康に積極的に資するパワーを持つ看護を発見した彼女は、看護を職業とする人の教育に着手すべき時がきたと考えた。ナイチンゲール基金を活動させる時がきたのである。

一八五八年の春頃だから、勅選委員会とその小委員会の仕事は続いており、『病院覚え書き』の執筆が進行中であった。自分も病弱なうえに、シドニー＝ハーバートの健康に翳りが目立ってきて、ナイチンゲールの心労は募る一方だった。この件は、できれば誰かに肩代わりしてほしいと願った彼女だったが、周囲の圧力もあって学校を設置する病院の選定を始めた。彼女らしい調査が続き、最終的に聖トマス病院が浮上した。

十二世紀からの歴史を持つ聖トマス病院は、ロンドン‐ブリッジの近くにあった市内指折りの篤志病院であり、ちょうどその頃、敷地内を鉄道が通ることになって移転を検討していた。ナイチンゲールは、その移転先の相談を受けていた。新しい土地（テムズ河を少し遡った同じ南側。ウェストミンスター橋のたもとの現在地）へ移転して新しい建物になるというのは、学校設立にとって好ましい条件だった。相談を受けるうちに、協力的な医師がいることもわかってきた。しかし、聖トマス病院が選ばれた決定的な理由は、看護監督がウォードローパー夫人だったことだろう。

ナイチンゲールは、クリミアへ出発する前、夫人に看護婦の紹介を頼み、仕事ができる人という印象を持っていた。しかも夫人が一行に加えてくれた看護婦ロバーツ夫人は、彼の地において、最も優れた看護婦であり、ナイチンゲールが半島で倒れた時には、熟練した業で親身の看護をしたのだった。

## 看護婦訓練学校の原則

開校は一八六〇年七月、十五人の志願者が選ばれ、一年間の訓練に入った。聖トマス病院看護婦訓練学校、すなわちナイチンゲール‐スクールの教育は、史上最初の、組織的であるとともに宗教の影響のない看護教育だった。ナイチンゲール女史が看護婦を育てる学校を設立するという噂が広まると、いろいろな宗派の教会が触手を伸ばしてきたが彼女はクリミアの時の騒動と打撃を思い起こし、必死で逃げ切ったのである。

ナイチンゲールが考えた看護婦訓練学校の原則は、看護婦は、看護婦を訓練するという目的のために特に準備された病院で技術的に訓練を受けるべきであること、訓練を受ける者は、道徳的な生活と規律をつくりあげるのにふさわしい〝ホーム〟で生活すべきであることの二点だった。

前者は、サービスの場である病院からの教育の独立を意味し、後者は、訓練は心の訓練、いうならば修練にまで高められるべきであることを意味していた。看護婦になる者は決して尼僧になる必要も、教会を中心に団結する必要もないが、自らの生活を律することが求められ、ホームシスターと呼ばれる指導者のいる全寮制がしかれたのである。

## ナイチンゲール‐スクール

ナイチンゲール‐スクールが教育の独立性を保つことができたのは、ナイチンゲール基金という基本財産を持っていたからである。サービスの場の必要に振り回されることなく、自らの教育理念を貫き、カリキュラムを運営することができた。カリキュラムの中身は、あの『看護覚え書き』に明らかだった。正確に言えば、『看護覚え書き』の増補改訂版に明らかだった。

彼女は『看護覚え書き』を専門書へと書き改めたのである。とはいっても、最初の版はそっくりそこに取り込まれており、全章に書き加えをしたほか、〝看護婦とは〟なる項を新たに起こしたのだった。

看護婦であると自称している多くの女性たちについて最も驚かされることは、彼女たちが看護婦教育のＡＢＣを勉強してきていないことである。看護婦が学ぶべきＡは、病気の人間とはどういう存在であるかを知ることである。Ｂは、病気の人間に対してどのように行動すべきかを知ることである。Cは、自分の患者は病気の人間であって動物ではないとわきまえることである。」
「この世の中に看護ほど……自分自身は決して感じたことのない他人の感情のただ中へ自己を投入する能力を、これほど必要とする仕事はほかに存在しない。」

さらに彼女は次のように書く。

「自分で物事を考えて結論を出すことを学べないのなら、訓練など何の役にも立たない。」

ナイチンゲール‐スクールの学生はよく勉強したし、勉強しなければならないようなプログラムだった。婦長や医師の講義を受ける、講義のノートや病棟実習での事例報告を提出して評点をもらう、看護の方法と技術の一つ一つについて月ごとに五段階の評価を受ける、時間厳守、平静、信頼性などの個人特性についても月ごとに三段階の評価を受ける――といった仕組みである。評価の最底は〝ゼロ〟だった。

ナイチンゲール‐スクールの卒業生は引く手あまただった。訓練教育を受けた職業看護婦の有用性はたちまちにして社会に知られ、ここに看護は新しく確かな職業として出発したのである。

## ナイチンゲール - システム

開校後二十年ほどの間に、卒業生はロンドン市内、英国内はもとより、ヨーロッパ、アメリカ、アジアなど数多くの病院の看護監督に就任した。彼女たちは看護婦の訓練も行ったので、ナイチンゲール - システムと呼ばれる看護婦訓練方式も英国各地や英連邦自治領、ヨーロッパ諸国、アメリカ、アジアへと広まった。

日本でも一八八五年に、今日の東京慈恵会医科大学病院に、聖トマス病院留学から帰った医師高木兼寛により、ナイチンゲール-システムの看護婦教育所が発足した。

ナイチンゲールは、卒業生を一人で赴任させることを極力避け、数人のチームを組んで赴かせた。たった一人では、わらの中の針一本、どこにあるのかわからなくなってしまうのであった。この方策は、彼女のシステムの普及にたいへん有効だった。

ナイチンゲール自身は、聖トマス病院の学校の教壇には一度も立たなかった。病弱の身だったうえに多忙であり、先にも触れたように、引きこもりを続けなければ、思うように仕事ができなかったからである。

## 〝書簡〟

しかし彼女は、開校十二年後の一八七二年、五十二歳の時から、八十歳までの二十八年間、多くは年頭の辞の形で生徒たちや看護婦たちに手紙を寄せた。彼女が生涯に書いたおびただしい手紙の中で、特に〝書簡〟と呼ばれているそれら十四篇には、看護と看護婦を巡る幅の広い言及がある。頻繁に聖書を引用し、キリスト教の信仰を基本にして倫理行動的に生きることを生徒と看護婦に説く色彩が強い書簡だが、興味深いことに、全然と言ってもよいほどキリスト教にかかわりを持たない現代の看護婦たちが、そこに看護の本質を認めるのである。看護を職業とすることは、キリスト者として生きることとこよなく合致する――これがナイチンゲールの考えであり体験だった。

筆者が〝書簡〟を分析し、あちこちに散在している彼女の文章を〝信仰〟という主題のもとに集め、その主張に耳を傾けると、次のように聞こえてくる。（　）の中以外はすべて彼女の言葉である。

「……真の信仰とは、その最高のかたちにおいては〝生活〟に表れてくるものなのです。真の信仰とは、今自分がしているすべてのことに全力をつくして打ち込むことなのです。神は私たちの日常生活の様々な出来事の中に輝いています。（そもそも）キリストのもっていた威厳には、生活に根ざした深い優しさと誠実さとが織り交ぜられているのです。すべての心善き女性にとっては、その〝生活〟が祈りなのです。（〝生活〟が祈りなのですから）看護を実践するための学習はすべて、信仰を深めるための黙想の一つともいえるのではないでしょうか。自分の部屋で静かに、その一日を神に捧げるために数分間静かな思索の時をもちなさい。ますます忙しくなってくる生活の中でこそ、これはどうしても必要なことなのです。……」

**若い女性へのメッセージ**

ナイチンゲールは学校を設立してからというもの、質の高い志願者を集めたいという広報活動のためでもあったのだろう、様々な書き物、著作において看護学校に言及した。そこには、若い女性へのあるメッセージが、一貫して流れているように思われる。

女性よ、自立しなさい、自分の足で立ちなさい。それには職業をもつことです。女性が生涯に出会う災難の四分の三は職業をもっていないために起こるのです。

その職業には看護を選びなさい。社会的にきわめて有用で女性にふさわしい職業です――。

その看護は、特定の訓練教育を受けてはじめて就くことができる職業です。女性なら誰でもそのまま看護婦になれるというものではありません――。

ただし、訓練教育を受けさえすれば誰でもほんものの看護婦になれるかというとそうではありません。看護をするのに必要な知識や技術は確かに訓練を通して学ぶことができますが、真に有能な看護婦として責任を持って病人を預かるには、使命感を持ち続けることができ、絶えず進歩し続ける努力のできる人間でなければならないのです――。

聖トマス病院のナイチンゲール‐スクールは、一九九六年をもって一三〇年あまりの歴史を閉じた。時代の趨勢で他のカレッジと一緒になったのである。しかし、ナイチンゲール‐インスティテュートというその総称に、近代看護教育の創始者の名前が残る。

# Ⅷ　余波

何百年もの間迷信は行われてきた。何百年もの間不潔で不注意な習慣が着々とかつ根強く聞き伝えられてきた。われわれがほんの数年の地味な持続的活動によって、その何世紀にも及ぶ習慣を変えることができるとしたら、ここに描いた過程は進みが遅いどころか、驚くべき速さであると言わなければなるまい。（フロレンス＝ナイチンゲール『町や村での健康教育』）

## 一 ナイチンゲール詣で

### 救貧院病院の看護改革

一八七〇年頃からのフロレンス＝ナイチンゲールの仕事人生を、余波あるいはなごりと見るのは乱暴かもしれない。実際、一八七〇年代、八〇年代と彼女の〝仕事〟は決してとぎれることはなかった。しかし、それら仕事の性質が、それまでの攻撃的と言ってよいようなものから、受けて立つといったニュアンスのものへといつの間にか変わっていいた。

その兆しは、一八六〇年代にすでに見えた。ナイチンゲール－スクールの卒業生の価値が早くも世に知られるようになっていた一八六四年、リバプールの富裕な実業家で、社会改革への熱意に燃えるウィリアム＝ラスボーンからの要請を受け、彼女は救貧院病院の看護改革に身を入れた。

ラスボーンは、リバプールの地で貧しい病人のための訪問看護活動をいち早く始めており、それ以前にもナイチンゲールに助言を求めたり、ナイチンゲール＝スクールの卒業生の派遣を依頼してきたりしていた。彼女も、病院の看護が改善されたら、次は病院外の貧しい病人たちへと看護の供給を広げていくという彼の構想に共鳴、訪問看護、別名地区看護の発足と発展に力を添えた。

そして今度は、貧民街に暮らす病人以上に悲惨な状態に置かれている、救貧院病院の病人の救済という彼の計画に参画したのである。

彼女は、秘蔵っ子の卒業生看護婦アグネス＝ジョーンズと十二人の看護婦をリバプールの救貧院病院へと派遣した。〝ナイチンゲール＝ナース〟たちは、あのスクタリの兵舎病院を連想させる不潔と無秩序のはびこる救貧院病院の改革に見事な成果をあげた。

## 首都圏救貧法

ナイチンゲール自身はこの時期、首都ロンドンの救貧院病院の改善、貧民救済のための調査や発言に力を入れた。ついには改善を一気に進めるべく立法まで考え、法案を作成した。貧しい人々や貧しい病人を上から〝管理〟するのではなく、彼らが人間として自立していくように援助するという、すでに彼女の一部となっていた考え方に根ざす法案だったが、公的ポストに在籍して彼女の代弁をしてくれる人が少なくなってしまった今、かつての〝小陸軍省〟のような仕事のやり方はできず、陽の目を見ることはなかった。

しかし、一八六七年に成立した救貧法委員会の法案による英国の首都圏救貧法は、内容的にはナイチンゲールの見解を取り込んでいたのである。彼女がまたもや多大なエネルギーを使って作成した調査資料があってこその新法だった。

要請を受けたといえば、彼女が『看護覚え書き』と並行させて哲学的著述を試みていた頃、それについての助言を受けた仲であるジョン＝スチュワート＝ミルが、一八六七年、彼女に婦人参政権のための協会の委員になってほしいと言ってきた。女性が受けている様々な不利を選挙権が解決するとは思えなかった彼女は引き受けなかった。まだ時機が早すぎるし、自分は選挙権がなくてもやってきたと思ったのである。

## 相談役

クリミア後の彼女の仕事の中心だった陸軍の衛生改革は、余波というよりはそのまま続行されたが、その時々の首相や軍医総監との関係がどうであるかによって彼女の参与の度合は変わり、最終的には一八八〇年代の〝陸軍の健康と衛生に関する問題〟の相談役といったところに落ち着いた。

相談役は英国陸軍関係にとどまらず、病院が建設される時、先の救貧院のように衛生改革が問題になった時、どこかで戦争が勃発した時など、ナイチンゲールは八十歳近くなるまで、全ヨーロッパの相談役だった。ヨーロッパだけでなく、一八七〇年代の初頭には、アメリカ最初の看護婦訓練学校の設立に際して、具体的な相談に応じているし、英国の植民地ではあったが、ニュージーランドやインドの人々の保健衛生に関して、総督を通してたびたび相談にのった。

## インドの人々を思う

インドの健康衛生については、ベンガルの反乱時から彼女が促していた、〃インド駐在英国陸軍の保健に関する勅選委員会〃が発足して以来、現地から資料を取り寄せたり質問表を送ったりの調査を重ね、結果としては駐在英国陸軍に限らず、インドの人々の健康にまで及ぶ提言や助言を、政府に行ってきた。

原住の人々との健康的な共生、はては健康的な開発という今日的な課題を問い、英国の植民地政策に進言し、三十を越す関連論稿をものしてもいる。彼女は、あくまでも健康問題に限って論じながら、駐在英国人と、彼らと運命をともにすることになったインドの人々との、人間同士の交わりの重要性が事の基本であると主張した。

そのような関係から、長年の間新任のインド総督は、英国を発つ前に必ずナイチンゲールを訪問したのである。

## 国際赤十字

ナイチンゲール女史を訪問したかったのだが、遠慮したのが赤十字の創立者、スイス人のアンリ＝デュナンである。

クリミアから帰ったナイチンゲールが英国陸軍の衛生改革、聖トマス病院にナイチンゲール・スクールを設立する仕事、加えて『病院覚え書き』『看護覚え書き』の執筆などが重なって猛烈に働いていた時期の一八五九年、デュナンは、イタリア統一戦争の一環であったソルフェリーノの戦いに際して、傷病兵の惨状を目撃した。

デュナンはその体験から、多方面に情熱的に働きかけ、一八六四年に国際赤十字を結成させた。戦時下では、傷ついた者には敵味方の区別なく救いの手を差し伸べるという歴史的条約の締結である。

彼は一八七二年八月にロンドンで講演し、彼をイタリアの地へ行くように駆り立てたのは、クリミアにおけるナイチンゲールの働きだったと語った。

ナイチンゲールは、一八七〇～七一年の普仏戦争に際し、フランスとプロシアの双方から助言を求められ、公平な態度で看護に関する助言をした。クリミア以来の信条、戦争のさなかでも人間が人間らしく扱われることを貫いたのだったが、この姿勢は当然のことながら赤十字の思想に合致し、ナイチンゲールの名声が相乗して、彼女はいつの間にか赤十字の助言者のような立場になっていた。

デュナンは、ほかならぬそのナイチンゲールのお膝元のロンドンで講演をしたので、あのように語ったのだろう。なぜなら、彼がソルフェリーノに赴いたのは、商用だったということがわかっているからである。

とにかく、アンリ＝デュナンがナイチンゲールの示唆があったと語ったことが決定的に働き、以来今日に至るまで、フロレンス＝ナイチンゲールの名は、時に赤十字の創立にかかわったかのように誤解されるほど、赤十字と結びつけられている。赤十字思想の骨子〝あらゆる武力紛争下において、人間が人間らしく取り扱われること〟は、彼女が独自に掴み取った判断体系の基盤でもあったから、まったくの見当違いではない。

デュナンが先のロンドン講演の内容が掲載された「タイムズ」の写しをナイチンゲールに送ったところ、謝辞とともにクレイドン-ハウスへの招待が届いた。彼に滞在してもらい、大いに語り合おうということだった。以前、デュナンの著書『ソルフェリーノの思い出』を贈られた時から、ナイチンゲールは彼に同志のような感情を抱いていたのだろう。

しかしデュナンは、招待を受けなかった。事業に失敗して破産し、各地を講演して暮らしていた彼には、天下のナイチンゲール女史を訪ねる勇気がなかった、と人は言う。

## 訪問者たち

大仕事の余波は、彼女の六十歳代はもとより七十歳代にも、時には高い波も混じえながら、依然として続いた。陸軍の保健衛生に関しては、関連の役職にある者が様々な次元の相談に訪れたし、看護婦の訓練教育に関しては、海外からも訪問者が多かった。書面で意見を求められて、彼女がコントロールすることもしばしばだった。いわゆる表敬訪問の申し込

ナイチンゲール、ヴァーネイ卿と聖トマス病院の見習生たち。クレイドン－ハウスにて／フロレンス＝ナイチンゲール博物館

み も始終だった。

彼女は決して元気だったのではなく、大仕事の最中と同じように引きこもって暮らしていたが、かつてのように危険な状態に陥るというようなことはなかった。

そんな彼女に面会するのは並大抵の苦労ではなく、政府の高官も、外来の身分の高い人も、苦労して許可を得た。その取り次ぎなどの世話は、クリミア以来の同志、サザランド博士が引き受けていた。聖トマス病院の生徒や卒業生は常に歓迎したようで、クレイドン－ハウスへ招待したりもしている。

十九世紀末、アメリカのリーダー看護婦たちの何人かは、競うようにしてナイチンゲール詣でをした。

一八九三年、コロンブスのアメリカ大陸発見四〇〇年を記念したシカゴ万国博覧会において、歴史上最初の国際的な看護婦集会が開かれ、ナイチンゲールは論文『病人の看護と健康を守る看護』を寄せた。病気の看護ではなく、病人の看護であると口火を切るその論文に、看護婦たちは気勢をあげた。論文を代読した看護婦は、数年後にロンドンで結婚式をあげたが、ナイチンゲールが彼女を温かく迎え、式の日に花束を贈ったことは、たいした評判になった。

ナイチンゲールの家の前まで行き、どうしてもベルを押す勇気がなく、表の石段にしばらく立っていたと語ったアメリカの看護婦もいた。

津田塾大学の創立者津田梅子は、英国滞在中の一八九九年三月、七十八歳のナイチンゲールを訪問した。女王様よりもこの人に会いたかったと日記に書いた梅子である。彼女にとってナイチンゲールは、先駆ける女性だったに違いない。梅子が訪ねた時、ナイチンゲールは枕を支えにベッドに横たわっていたが、生き生きとして、日本のことを尋ねたという。

## 看護婦登録制度

時々うねる高い波の一つが、看護婦の登録制度を巡る彼女の闘争だった。一八八〇年代の半ば、各地に設立された看護婦訓練学校で訓練を修了した者に対し、公的な機関が資格試験を行い、合格した者だけを登録簿に載せて有資格看護婦にする、という動きが表面化し、彼女はこれに反対する声明を出した。

「いかなる試験や選抜の制度をもってしても、質の悪いものの中から質の良いものを選び出すことはできない。……何よりもまず第一に、道徳的資格が問われ評価されなければならない。」

クレイドン－ハウスのヴァーネイ卿とナイチンゲール、1889年

これが彼女の主張だった。四年間に及ぶ反対運動は、ナイチンゲールの名ゆえに英国看護界を二分する事態を招き、周辺の者たちは、なぜ彼女が〝こんなこと〟に力を注ぐのかわからなかったらしい。しかし、看護婦には知識と技術の修得に勝るとも劣らず人格の修練が必要であり、後者を保証することができるのは、その看護婦を育てた看護監督だけである――これは曲げることのできない彼女の信念だった。

今日どこの国にも看護婦の国家試験制度があるが、一方で「結局のところ、本質的に、看護ケアの質はそれを行う人間の質によって決まる」というつぶやきが消えることもまたないのである。

**ヘルス－ミッショナー構想**

もう一つ、最晩年の彼女を高揚させた仕事があった。ナイチンゲールは姉の嫁ぎ先、ヴァーネイ家の地所バッキンガムシャー州のクレイドンが気に入り、特に一八九〇年にパースが亡くなった後は、しばしば訪れて、家政を見たりヴアーネイ卿の所有地管理や近辺の村の衛生問題などを手助けしたりした。ヴァーネイ卿は九十歳近かったが、頭脳の冴えに変わりなく、彼女とは似合いの話し相手だった。

こうしたいきさつから、家庭の健康を守る基本的な考え方と技術を村の母親たちに教える、ヘルス－ミッショナーの構想が浮かんできた。健康伝道者とでも訳せばよいだろうか、ナイチンゲールらしい命名である。ヘルス－ミッショナーは地区看護婦を助けて、村の人たちの暮らしの衛生改善と、彼らの健康に資するような生活方法の普及を行う婦人であり、ヴァーネイ卿の肝煎りで彼女たちの養成講座もできた。

これは実験にとどまった感のある事業だったが、学ぶことによって村の母親たちが、家族の健康を守る力量を身につけ、いずれその力量は娘たちに伝えられ、いつかは村全体が健康を保持できるようになるといった構想も、健康あるいは看護を〝伝道する〟という考え方も、ナイチンゲール流の典型である。

## 二　サウス街の人

### ベンジャミン＝ジョウェットとの友情

ハイドパークの東側、パークレーンを折れたサウス街十番地。始終工事が行われて外見は変わるが、二階部分に取り付けられているロンドン市の青いプラークはそのまま残り、ここがフロレンス＝ナイチンゲールの終《つい》の住処《すみか》とわかる。

クリミア戦争から帰って十年ほどはホテル住まいで仕事人生を送った彼女が、ようやく落ち着いた家である。〝余波〟の仕事はこの二階で行われ、そのスタッフやナイチンゲール詣での人々が一階に詰め、二階と一階の連絡には何と手紙が使われた。

そんな彼女に変わらぬ友情を示し、彼女の折々の思いを受け止め慰めたのが、オックスフォードのコレッジ学頭、哲学者ベンジャミン＝ジョウェットである。

初期の著作を彼に贈ったことから始まった二人の仲は、頻繁な手紙のやりとりと、サウス街十番地やリー＝ハースト荘、エンブリイ荘、クレイドン＝ハウスへの招待を接点に長年に渡って続き、牧師でもあるジョウェットは、彼女の霊的な面への助言者も務めた。彼女は彼のプラトン翻訳を手

サウス街10番地のプラーク

伝ったりした。

ジョウェットは、フロレンスが人間社会にもたらした幸せを高く評価しながらも、いつまでも役所仕事などにとらわれず、もっと自由に、例えば、著作を生活の中心に据えたらどうかなどと助言した。また、余生を聖トマス病院で一患者として過ごすと口走る彼女に、来し方を振り返らせ、その気持ちを翻意させたりした。もっと平静な気持ちで生活することですと語る彼に、フロレンスは耳を傾けた。

ジョウェットの死で三十有余年の友情が終わった時、彼女は七十三歳だった。

「あなたの人生は私の人生にとって、どんなに大きな位置を占めていたことでしょう」という彼の最後の言葉は、彼女の言葉でもあっただろう。

**喪失**

振り返れば、彼女はこれまでに次々と友人を失ってきた。シドニー＝ハーバートを失ったのは三十年も前だったのに、〝かわいそうなフロレンス〟は、その後も立派にやってのけた。アーサー＝ヒュー＝クラフ、有能な従妹ヒラリー、ローマやエジプトやギリシアばかりでなく、クリミアをともにしてくれたブレースブリッジ夫人のセリナ、それにクラーキーと、彼女の思いは巡ったはずである。

大事な時期に彼女を見捨てて自分の家庭に帰ったメイ叔母は許せないが、その彼女ももういないし、忠実だったサザランド博士も先年亡くなった。ジョウェットに続いてヴァーネイ卿、サウス街に居を構えて以来、毎週生花を届けてくれたウィリアム＝ラスボーンも亡くなった。フロレンス＝ナイチンゲールに理解を示してくれたヴィクトリア女王も、一九〇一年に亡くなった。

これらの別れとは趣を異にする、フロレンスの喪失もあった。仕事の〝余波〟がまだかなり大きかった一八七一年の秋、少し前から老いの弱りを見せていた父ウィリアムと母ファニイが、介護を必要とするようになった。

クレイドン－ハウスの姉パースは、リウマチの症状が進んでいたこともあってほとんど動けず、フロレンスがエンブリイ荘やリー－ハースト荘へ出向いて、彼らの面倒を見るようになった。ロンドンには仕事の山があったので、彼女にとっては大きな負担だった。

翌年の夏、長い間ナイチンゲール家に仕えた家政婦のワトソン夫人、フロレンスがクリミアから帰った時、いち早くその姿を認めて抱きとめたくれたワトソン夫人が亡くなると、フロレンスは八カ月もエンブリイ荘に滞在せざるをえなかった。一時的にファニイの姉妹に来てもらったりしたが、両親の生活の責任者は常に彼女であり、彼らのことが脳裏を離れず、それを振り捨てるようにしてロンドンで机に向かっても、気が晴れることはなかった。

**父母の死**

父ウィリアムは一八七四年一月、エンブリイ荘の階段を踏みはずして急逝した。父の死によって、エンブリイ荘もリー＝ハースト荘もメイ叔母の所有になった。いろいろと面倒なもめ事があったが、なんとか母ファニイは、リー＝ハースト荘で暮らせることになった。エンブリイ荘を片づけて明け渡し、眼が不自由になっていたファニイを、リー＝ハースト荘に連れて行ったのもフロレンスである。

以後六年間に渡る彼女の苦闘は、現代のキャリア＝ウーマンの老親介護の場合と同じである。ロンドンから遠く離れているために、一つの仕事をするのに一〇〇通の手紙を書かなければならないといった日々だったが、親族による今日言うところの〝ショートステイ〟や、好意で手を貸してくれる人による〝肩代わりケア〟によって、彼女は乗り切った。

一度たりとも彼女を理解しなかった母だったが、すっかり惚けて子供のようになったその母を、フロレンスは辛抱強く看取った。彼女は道義にもとることは決してできなかったのである。

両親を失い、友も世を去ったが、彼女はなお生きた。母と同じく七十歳を過ぎた頃から衰え始め

イーストウエロウの聖マーガレット教会。教会墓地にフローレンスが建てたナイチンゲール家の墓

た視力が、八十歳になってまったくなくなってしまってもなお、彼女は秘書を雇って「タイムズ」やその他の資料を欠かさず読ませ、ナイチンゲール詣での人たちに老いを感じさせなかった。政府のインド省宛てに、衛生問題関係の文書をこれ以上送ってもらっても無駄ですと通知したのが一九〇六年、亡くなる四年前だった。

## 終焉

フロレンス＝ナイチンゲールは、一九一〇年八月十三日、静かに永遠の眠りについた。九十年の長い生涯だった。

最後の数年に、女性として最初の有功勲章など、いくつもの栄誉の証《あかし》が授けられたが、おぼろげな意識の彼女には、もうそれらを謝絶することはできなかった。ただ、極めて具体的な遺言状があったので、国葬を行ってウエストミンスター寺院に埋葬するという政府の意向は避けることができた。

エンブリイ荘から家族揃って、日曜日ごとに礼拝に通ったイーストウエロウ村の聖マーガレット教会墓地に、父、母、それに姉のパースとともに眠る墓石がある。

十二世紀からの歴史のあるその小さな教会の窓辺の一つは、彼女のためのささやかな祭壇であり、〝スクタリ‐クロス〟と呼ばれる弾丸の十字架が置かれている。これはクリミア戦争に行った兵士たちの作である。

背後には、彼女の寝室に掛けられていた刺しゅうの額があり、「わたしである。恐れることはない」と縫いとられている。海の上を歩くイエスを見て、舟の上で怖がる弟子たちにイエスはそう言い、続けてペテロに、「おいでなさい」と言ったのだった。

フロレンスはイエスを信じ、水の上を歩いた。ペテロのように途中で恐ろしくなり、「主よ、お助けください」と叫んだ日もあっただろうが、信仰篤く歩き通した。お召《めし》をきいた十六歳の日から、なんと長い道のりだったことか。

ナイチンゲールの墓

埋葬の日、聖マーガレット教会への農道も、教会墓地も、彼女を送る人々で溢れ返った。ささやかな花束を手にしたごく普通の人々が見送る中、英国陸軍兵士六人の肩に身を委ね、彼女は彼女らしく旅立つことができた。

しかし、称賛は彼女の意思を制して世界を走った。

「これ以上に有益かつ感動的な人生があっただろうか」。一九一〇年八月十五日付の「ニューヨークタイムズ」のこの一文は、今日も世界にこだましている。

## フロレンス＝ナイチンゲールの同時代人

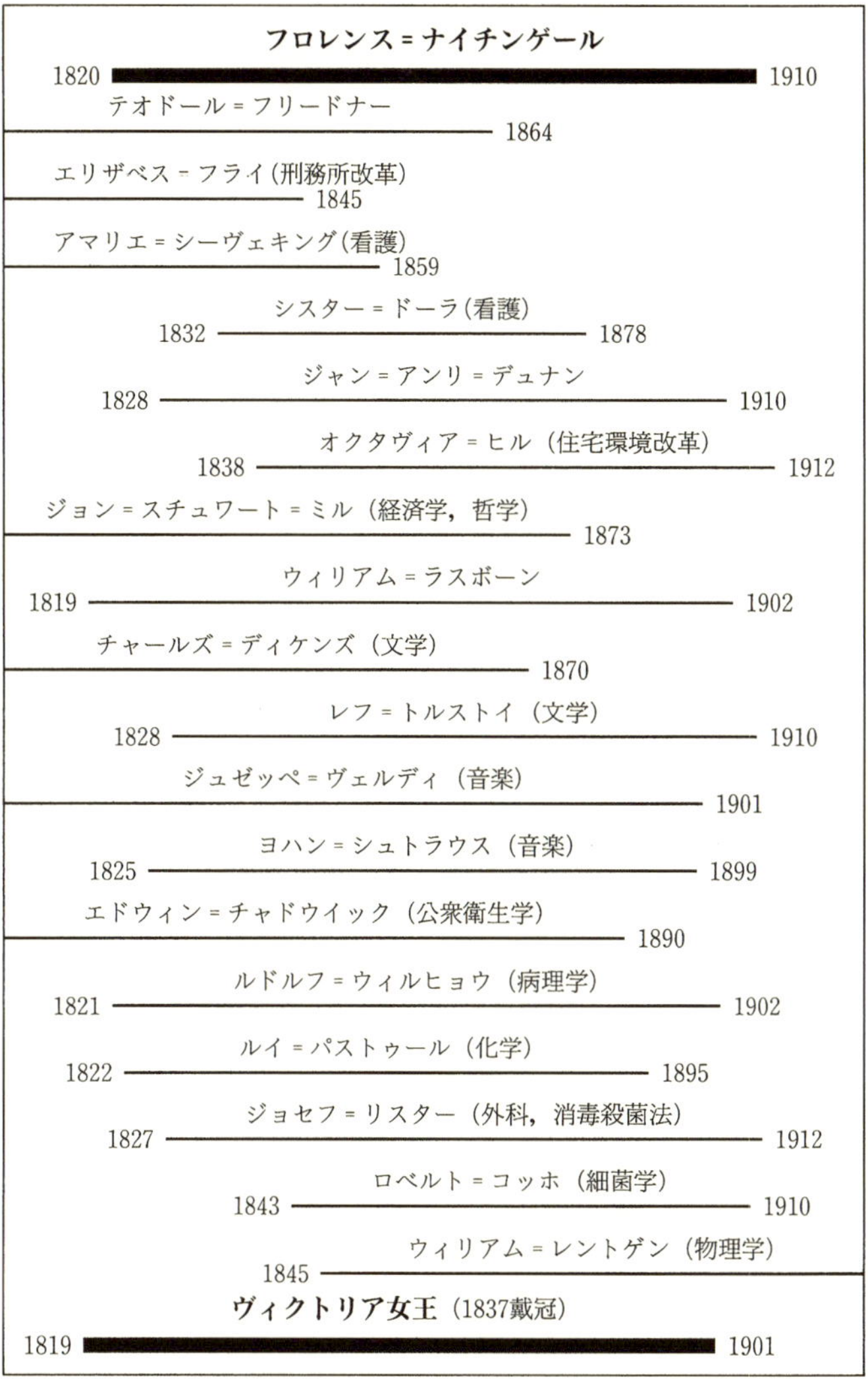
フロレンス＝ナイチンゲール
1820 1910
テオドール＝フリードナー
1864
エリザベス＝フライ（刑務所改革）
1845
アマリエ＝シーヴェキング（看護）
1859
シスター＝ドーラ（看護）
1832 1878
ジャン＝アンリ＝デュナン
1828 1910
オクタヴィア＝ヒル（住宅環境改革）
1838 1912
ジョン＝スチュワート＝ミル（経済学，哲学）
1873
ウィリアム＝ラスボーン
1819 1902
チャールズ＝ディケンズ（文学）
1870
レフ＝トルストイ（文学）
1828 1910
ジュゼッペ＝ヴェルディ（音楽）
1901
ヨハン＝シュトラウス（音楽）
1825 1899
エドウィン＝チャドウイック（公衆衛生学）
1890
ルドルフ＝ウィルヒョウ（病理学）
1821 1902
ルイ＝パストゥール（化学）
1822 1895
ジョセフ＝リスター（外科，消毒殺菌法）
1827 1912
ロベルト＝コッホ（細菌学）
1843 1910
ウィリアム＝レントゲン（物理学）
1845
ヴィクトリア女王（1837戴冠）
1819 1901

# フロレンス＝ナイチンゲール年譜

| 西暦 | 年齢 | 年譜 | 英国関係参考事項（　）は日本の国際関係 |
|---|---|---|---|
| 一八二〇 | 0 | 五月十二日、イタリアのフィレンツェに生まれる。両親は数年かけてのヨーロッパ新婚旅行中であった。 | ジョージ四世即位。 |
| 一八二一 | 1 | 一家は帰国。ダービシャー州ハロウエイ村のリー＝ハースト荘に暮らす。 | |
| 一八二五 | 5 | 一家はハンプシャー州イーストウエロウ村のエンブリイ荘を冬の家として購入。 | |
| 一八三〇 | 10 | | ウイリアム四世即位。 |
| 一八三七 | 17 | 二月七日、神の命じる仕事をしなさいとの神の声をはじめて聞く。<br>九月、家族とともにヨーロッパ大陸旅行に出かける。 | ヴィクトリア女王即位。 |
| 一八三八 | 18 | 九月、帰途パリでメアリー＝クラークに出会う。 | |

| | | | |
|---|---|---|---|
| 一八三九 | 19 | 四月、帰国。 | |
| 一八四〇 | 20 | | アヘン戦争。 |
| 一八四二 | 22 | リチャード＝モンクトン＝ミルンズと出会い、結婚を視野に入れた交際がはじまる。 | |
| 一八四四 | 24 | 神の命じる仕事とは、病院で看護をすることであると確信する。 | ディケンズ、当時の看護婦を登場させた『マーチン・チャイルズウイット』発表。 |
| 一八四五 | 25 | ソールズベリーの病院で看護婦をしたいと申し出、家族の大反対にあい断念。 | |
| 一八四六 | 26 | カイゼルスベルト‐ディアコネス学園の年報を入手し詳細を知る。<br>ブレースブリッジ夫妻と出会う。 | |
| 一八四七 | 27 | 十月、ブレースブリッジ夫妻のローマへの旅に同行。ローマでシドニー＝ハーバート夫妻と知り合う。 | |
| 一八四八 | 28 | ローマでサンタ＝コロンバ尼院長と知り合う。<br>四月、帰国。 | |
| 一八四九 | 29 | リチャード＝モンクトン＝ミルンズの求婚を断わ | |

| | | | |
|---|---|---|---|
| 一八五〇 | 30 | る。十月、ブレースブリッジ夫妻のエジプトおよびギリシアの旅に同行。<br>帰途七月三十一日〜八月十三日、カイゼルスヴェルトのディアコネス学園を訪問、見学。『カイゼルスヴェルトのディアコネス学園』を著わす（翌年出版）。八月、帰国。 | |
| 一八五一 | 31 | 七月、カイゼルスヴェルトのディアコネス学園に見習生として入る。三カ月滞在。 | ロンドン大博覧会。 |
| 一八五二 | 32 | 『カサンドラ』を書く。 | |
| 一八五三 | 33 | 八月、ロンドン、ハーレー街の「婦人家庭教師のための療養所」の看護監督に就任。 | 〔ペリー浦賀に来航〕 |
| 一八五四 | 34 | 『エジプトからの手紙』出版。<br>十月二十一日、三十八人の看護婦とともにクリミア戦争従軍のためロンドンを出発。<br>十一月五日、スクタリの兵舎病院に着く。 | 三月、クリミア戦争始まる。<br>十月、「タイムズ」紙に英国傷病兵の惨状が報告される。<br>〔日米和親条約調印〕 |
| 一八五五 | 35 | 五月、最初のクリミア半島行き。熱病にかかる。<br>十月、二度目のクリミア半島行き。 | ナイチンゲール基金の設立。 |
| 一八五六 | 36 | 三月、三度目のクリミア半島行き。終戦を迎える。 | 四月、クリミア戦争終結。 |

| | | | |
|---|---|---|---|
| 一八五七 | 37 | 八月、帰国<br>九月、ヴィクトリア女王にはじめて謁見。<br>『英国陸軍の健康、能率および病院管理に影響を及ぼしている諸事項についての覚え書き』を著わす。 | 陸軍の健康に関する勅選委員会発足。<br>インド、ベンガルの反乱。 |
| 一八五八 | 38 | 八月、過労で倒れ鉱泉の地モールバーンで保養。<br>英国統計学会会員に選ばれる。<br>『女性による陸軍病院の看護』出版。 | インド統治法。<br>〔日米修好通商条約〕 |
| 一八五九 | 39 | 『病院覚え書き』出版。<br>十二月、『看護覚え書き』出版。 | |
| 一八六〇 | 40 | 七月、聖トマス病院にナイチンゲール看護婦訓練学校を開く。<br>『思索への示唆』出版。 | |
| 一八六一 | 41 | キングス・カレッジ病院にナイチンゲール助産婦訓練学校を開く。 | シドニー＝ハーバート没。 |
| 一八六二 | 42 | 『インド駐在陸軍の衛生・ナイチンゲールの私見』を著わす。 | アンリ＝デュナン『ソルフェリーノの思い出』 |
| 一八六三 | 43 | 『インドにおける陸軍の衛生』出版。 | |

| | | | |
|---|---|---|---|
| 一八六四 | 44 | 『インドの人々が生きのびるには』出版。 | 国際赤十字条約調印。 |
| 一八六五 | 45 | 『インドの病院における看護』出版。<br>十月、メイフェア地区のサウス街に居を定める。 | |
| 一八六七 | 47 | 産褥熱発生のためナイチンゲール助産婦訓練学校を閉鎖する。<br>『救貧院病院における看護』出版。 | 首都圏救貧法成立。 |
| 一八六八 | 48 | 『アグネス・ジョーンズを偲んで』出版。 | |
| 一八七一 | 51 | 『産院覚え書き』出版。 | |
| 一八七二 | 52 | 聖トマス病院の看護婦と見習生宛てに『書簡』を送りはじめる。 | |
| 一八七三 | 53 | 『インドにおける生と死』出版。 | |
| 一八七四 | 54 | 一月、父を亡くす。母を連れてリー＝ハースト荘に移る。 | |
| 一八七五 | 55 | | スエズ運河の支配権を入手。 |
| 一八七六 | 56 | 『貧しい病人のための看護』を「タイムズ」紙に発表。 | |
| 一八七七 | 57 | | インド帝国成立。ヴィクトリ |

| | | | |
|---|---|---|---|
| 一八七八 | 58 | 『インドの人々』出版。 | ア女王がインド皇帝を兼ねる。 |
| 一八八〇 | 60 | 二月、母を亡くす。 | |
| 一八八一 | 61 | | エジプトを支配下に入れる。 |
| 一八八二 | 62 | 「看護婦の訓練と病人の看護」をクウェイン内科学辞典に書く。 | |
| 一八八三 | 63 | 赤十字勲章を受ける。 | |
| 一八八四 | 64 | | 〔共立東京病院（現東京慈恵会病院）に日本最初の看護婦養成所開設〕 |
| 一八八六 | 66 | 看護婦登録制度に反対して闘いはじめる。 | |
| 一八八七 | 67 | ヴィクトリア女王即位五十年記念の地区看護婦協会設立を助成。 | 第一回植民地会議、のちの帝国会議。 |
| 一八九二 | 72 | クレイドン-ハウスを拠点にしてヘルス-ミッショナー活動を実験。 | |
| 一八九三 | 73 | シカゴ博覧会の看護婦集会に「病人の看護と健康を守る看護」発表、代読してもらう。 | |
| 一八九四 | 74 | 『町や村での健康教育』出版。 | 〔日清戦争はじまる〕 |

| | | | |
|---|---|---|---|
| 一八九七 | 77 | | ヴィクトリア女王即位六十年<br>ヴィクトリア朝記念博覧会。 |
| 一八九九 | 79 | | ボーア戦争。 |
| 一九〇一 | 81 | 視力を失う。 | エドワード七世即位。 |
| 一九〇四 | 84 | | 〔日露戦争はじまる〕 |
| 一九〇七 | 87 | 女性として最初の有功勲章（O・M・）を授与される。 | |
| 一九〇八 | 88 | ロンドン名誉市民権を授与される。 | |
| 一九一〇 | 90 | 八月十三日、正午前後、睡眠中に没。 | ジョージ五世即位。 |

# 参考文献

1　セシル＝ウーダム＝スミス著、武山満智子、小南吉彦訳『フロレンス・ナイチンゲールの生涯』現代社　一九八一
2　サー＝エドワード＝クック著、中村妙子、友枝久美子訳『ナイティンゲール〔その生涯と思想〕』全三巻　時空出版　一九九四
3　O'malley, I.B. ; *Florence Nightingale, 1820-1856*, London, Butterworth, 1931.
4　湯槇ます監修、薄井坦子、小玉香津子他編訳『ナイチンゲール著作集』全三巻　現代社　一九七四〜一九七七
（右の三伝記およびナイチンゲールの主要十六著作を含む著作集を主に参考にした。本文中の特に注のない引用はこれらによる。）
5　ルーシー＝セーマー著、湯槇ます訳『フロレンス・ナイティンゲール』メジカルフレンド社　一九六五
6　ルーシー＝セーマー著、小玉香津子訳『看護の歴史』医学書院　一九七八
7　リトン＝ストレイチ著、日高直矢訳『ヴィクトリア朝時代の秀れた人々』福村書店　一九五〇
8　Florence Nightingale ; *Letters from Egypt, A Journey on the Nile 1849-1850*, London, Barrie & Jenkins, 1987.

9 Lord Herbert ; *Sanitary Conditary of Army*, London, George Edward Eyre and William Spottis-woode, 1858.

10 Florence Nightingale ; *Notes on Nursing for the Labouring Classes*, London, Harrison, 1861.

11 Florence Nightingale ; *Cassandra and Suggestions for Thought*, Edited by Mary Poovey, New York University Press, 1992.

12 Michael D. Calabria ; *Florence Nightingale in Egypt and Greece, Her Diary and "Visions"*, State University of New York Press, 1997.

13 Roy Wake ; *The Nightingale Training School 1860-1996*, Haggerston Press, 1998.

（ナイチンゲールの代表的著作『看護覚え書き』の邦訳の中から、一八六〇年の増補改訂版の訳と一八五九年の初版の訳を一点ずつ挙げておく。本文中の『看護覚え書き』からの引用はこのいずれかによる。

14 湯槇ます、薄井坦子、小玉香津子他訳『看護覚え書』現代社　一九六八　一九九三

15 小玉香津子、尾田葉子訳『ノーツ・オン・ナーシング　一八五九』覆刻英文付き　日本看護協会出版会　一九九七《二〇〇四年以後は『看護覚え書き―本当の看護とそうでない看護　一八五九』として刊行中》

# さくいん

【人名】

【書名】

**【地名・事項】**

ナイチンゲール■人と思想155　　定価はカバーに表示

1999年10月5日　第1刷発行©
2015年9月10日　新装版第1刷発行©

・著　者 ……………………………… 小玉香津子《こだまかづこ》
・発行者 ……………………………… 渡部　哲治
・印刷所 ……………………………… 広研印刷株式会社
・発行所 ……………………………… 株式会社　清水書院

〒102-0072　東京都千代田区飯田橋3-11-6
Tel・03(5213)7151～7
振替口座・00130-3-5283
http://www.shimizushoin.co.jp

検印省略
落丁本・乱丁本はおとりかえします。



Century Books

Printed in Japan
ISBN978-4-389-42155-7

CenturyBooks

## 清水書院の〝センチュリーブックス〟発刊のことば

近年の科学技術の発達は、まことに目覚ましいものがあります。月世界への旅行も、近い将来のこととして、夢ではなくなりました。しかし、一方、人間性は疎外され、文化も、商品化されようとしていることも、否定できません。

いま、人間性の回復をはかり、先人の遺した偉大な文化を継承して、高貴な精神の城を守り、明日への創造に資することは、今世紀に生きる私たちの、重大な責務であると信じます。

私たちがここに、「センチュリーブックス」を刊行いたしますのは、人間形成期にある学生・生徒の諸君、職場にある若い世代に精神の糧を提供し、この責任の一端を果たしたいためであります。

ここに読者諸氏の豊かな人間性を讃えつつご愛読を願います。

一九六七年

清水棟三郎

SHIMIZU SHOIN